大师陈寅恪

——独立之人格 自由之思想

张鑫 编著

黑龙江教育出版社

图书在版编目（CIP）数据

大师陈寅恪：独立之人格 自由之思想 / 张鑫编著.
哈尔滨：黑龙江教育出版社，2025.1. -- ISBN 978-7
-5709-4634-1

Ⅰ. K825.81

中国国家版本馆CIP数据核字第20241QU111号

大师陈寅恪：独立之人格 自由之思想

张　鑫◎编著

责任编辑	李中苏
装帧设计	喧　啸
插图绘制	史　鑫
责任校对	赵美欣
出版发行	黑龙江教育出版社
地　　址	黑龙江省哈尔滨市道里区群力新区第六大道1313号
印　　刷	北京铭传印刷有限公司
开　　本	880毫米×1230毫米　1/32
印　　张	8.75
字　　数	143千
版　　次	2025年1月第1版
印　　次	2025年1月第1次印刷
书　　号	ISBN 978-7-5709-4634-1　　定　价　56.00元

如需订购图书，请与我社发行中心联系。联系电话：0451-82533087
如有印装质量问题，影响阅读，请与我公司联系调换。联系电话：13521011713
如发现盗版图书，请向我社举报。举报电话：0451-82533087

独立之人格
自由之思想

陈寅恪（1890年7月3日—1969年10月7日），字鹤寿，江西修水人，是中国现代最负盛名的历史学家、古典文学研究家、语言学家之一。他与叶企孙、潘光旦、梅贻琦并称为清华百年历史上的四大哲人。陈寅恪出身于书香门第，其祖父陈宝箴曾任湖南巡抚。他自幼研习经史，后赴日本、德国、瑞士、法国等国深造。1925年回国后，被聘为清华大学国学研究院的四大导师之一，与梁启超、王国维、赵元任齐名。在学术领域，陈寅恪于魏晋南北朝史、隋唐史、宗教史、西域各民族史、蒙古史、古代语言学、敦煌学、中国古典文学等方面均做出了卓越贡献。他的治学主旨是"在史中求识"，继承了清代乾嘉学者重证据、重事实的科学精神，同时吸收了西方的"历史演进法"，运用中西结合的考证比较方法，对一些资料穷本溯源，核定确切。陈寅恪的代表作包括《隋唐制度渊源略论稿》《唐代政治史述论稿》《元白诗笺证稿》《寒柳堂集》《柳如是别传》等。他的学术成就和治学精神对中国学术界产生了深远的影响。

第三章 风雷难动的友情

一 吴宓：莫逆之友　　057

二 傅斯年：最干净的友情　　059

三 冼玉清：素颜知己　　069

四 王国维：亦师亦友　　087

第四章 意气书生的家国情怀

一 巨变到来前的思考　　101

二 忧国事政坛试水　　113

三 宁盲不做亡国奴　　115

第五章 清华园中的『活字典』

一 声名鹊起清华园　　120

二 『教授的教授』　　124

三 坚持『四不讲』，实施自由教育　　131

目录

第一章 成长中的「读书种子」

一 陈氏家族的「读书种子」 … 003

二 诗书为趣的年少时光 … 014

三 「大贞丸号」上的少年 … 021

四 复旦公学的魁首 … 029

第二章 异国游学的耕耘时光

一 游欧洲倪作摩霄鹰 … 035

二 旅美「三杰」聚哈佛 … 041

三 「中国最有希望的读书种子」 … 046

四 在比较中阅读与成长 … 051

第九章 踽踽独行的国学大师

一 学术救国,借历史唤醒民族精神   239
二 究历史,苦心研究隋唐政治   242
三 以诗证史,品析元白诗作   249
四 赠来者,诠释一代名妓荣辱   256

附录一
陈寅恪大事记   264

附录二
主要参考书目   268

237

第六章 感天动地师生情

一 季羡林：「蹭」出来的师生情 ... 161
二 汪篯：朝夕相处的深情 ... 163
三 刘节：风骨传承的弟子 ... 171
四 蒋天枢：以「命」相托的情谊 ... 179
... 186

第七章 生死相依的爱情

一 对的时间遇到了对的人 ... 193
二 患难与共的灵魂伴侣 ... 195
三 死生契阔，与子成说 ... 199
... 205

第八章 孝悌家风之同胞情深

一 孝悌家风传后代 ... 211
二 昆弟情深隔不断 ... 213
三 岁月绵长兄妹相携 ... 217
... 228

第一章

成长中的『读书种子』

中国传统社会常用"忠厚传家久,诗书继世长"两句诗形容书香门第。书香门第教育成功的秘诀在于,始终把"读书"这颗"种子"一代一代地播种下去,进而绵延成风,成为家族的传统、家族的表征。义宁陈氏这个书香门第、文化贵族,其读书传承的家族之风,得益于一辈一辈传播的"读书种子",而这颗种子孕育出了一代国学大师——陈寅恪。

一、陈氏家族的"读书种子"

古城长沙有一个著名的私家园林,名蜕园。这里风景别致,是长沙城内外文人名士雅集、宴饮赏景之所。光绪十年(1884年),晚清维新派政治家、江西人陈宝箴携子侄三立、三畏、三恪来此租住。

光绪十六年五月十七日(1890年7月3日)的夜里,继一场暴雨后,从湘江吹来的西北风吹进了长沙城,也吹进了雨水清新后的蜕园。在清新的空气中,传来一阵新生儿的啼哭声。陈氏家族添丁进口了。这个婴儿就是后来蜚声海内外的史学大师陈寅恪。

作为地道的世家子弟,陈寅恪虽然甫一出生就比别人起点高,但是也注定了要传承义宁陈氏这个世家大族的家风、家学——秉凤竹之志,操君子之节,承担起传播"读书种子"的重任。

凤竹堂显君子气节

义宁陈氏的祖屋坐落在江西省修水县义宁镇竹塅村,弯曲连绵的群山环抱着它,鸟儿在林中发出声声脆鸣,好像讲述着陈氏先祖苦难的命运;修河舒缓而从容地从此地流过,见证了陈氏先祖耕读传家的家风的形成。

陈寅恪先生的先祖是客家人,原居于福建汀州府上杭县。康熙五十五年(1716年),陈寅恪的六世祖陈公元兄弟三人,抓住闽、粤两省移民江西的移民潮的尾巴,历经千里,举家从福建汀州府上杭县中都林坊西迁到江西南昌宁州泰乡七都竹塅。

陈公元先生因为父亲陈文光塾师的身份,自幼就得以诵读诗书,加之受父亲安贫乐道、母亲贤良淑德的品格的影响,他待人谦恭,侍奉双亲极孝,因此小小年纪就以"小颖考叔"的美称闻名乡里。雍正十一年(1733年),父亲去世后,陈公元先生在万般无奈的情况下,放弃学业,携家西迁,希望可以为自己和后辈找到更多的发展机遇。最终,他们沿着修河到达宁州安乡护仙塬,而陈公元先生也就成为这一支西迁的陈氏人的始迁祖。

我们无法获知作为外来移民,初到义宁的陈氏先祖经历了怎样艰难的立足过程,唯一能知道的就是他们要承受着当地人的排斥,要面对无法入籍、不能应试、不能当差,甚至根本没有相应的社会政治地位的恶劣生存困境。而这一切也让陈公元放弃了科举,立志靠农耕立足,以耕读传家,将深埋于心间的读书种子播种于陈家后代中。而他也果然在十多年后靠自己的勤奋和精明,让陈家呈现一片兴旺的气象,俨然有大家之风,而陈家的后代也在他的努力下得以接受教育。

为了振兴家业,陈公元先生一改父亲安贫乐道的人生态度,不但开始经营事务,而且积极与人交往,并凭着重信义、轻财贿,救人克难、好义乐善而在乡里留下美名,成为当地的有识之士。或许是基于移民者在当地的地位,或许为了能抱团取暖,陈公元先生迎娶同为护仙塬移民的何觐光先生的二女儿为妻。何氏生下六女四男,长子陈克绳继承并发扬父亲"联族建祠,奉祀先祖"的志向,继续努力振兴陈家,并于乾隆五十七年(1792年)择地于泰乡七都竹塅建成陈家新宅。陈公元先生为新宅取名"凤竹堂",希望后世子孙居住在这样的宅院里,能养成凤的仁德之征、竹的君子之节,进而光大门楣。凤竹堂就是后来的陈家大屋,它在两百余年的岁月中,见证了陈家后人如何继承先祖遗志,活出凤竹之志、君子之节。

凤竹堂的建成,在一定意义上成为陈家摆脱贫贱的一个重要标志,接下来陈家的后人要做的就是如何延续耕读世家的传统,巩固陈家在地方的地位,进而圆几辈人的科举之梦。然而,陈克绳虽然有着过人的聪颖,但是仍旧屡试不第,直到嘉庆七年(1802年)才循例进入太学。他深感陈氏子弟的科举之路十分艰难。几番斟酌之后,他决定效仿父亲,放弃科举之路,投身于公益事业,在提升陈氏家族的影响力的同时,用行善事去打破陈氏子孙名落孙山的宿命,用自己的行动影响陈氏的后人。

为此,他积极出钱出力,提倡集众人之力,兴建"仙塘书屋",让没钱读书、无钱去应举的学子在族中的资助下达成所愿;他不因放弃科举而中断学习,而是不断学习,致力于诗歌创作,并以诗歌为桥梁,吟诗会友,表达心声,因而被当时的文人尊称为"韶亭先生"。除此之外,他还以自己事父至孝的行为,对后代进行孝悌教育,如为了羸弱多病的母亲,他潜心钻研《素问》《灵枢》等医家著作,最后竟然以医术闻名乡村,用医术帮助了众多患者。

在长兄的影响下,陈克绳的三个弟弟在不同的方面展示出各自的才华。大弟陈克调,淡泊名利,醉心诗文,沉迷于学问中,在诗文创作上颇有成就,被乡人赞为"美士",也戏称"书呆"。二弟陈克藻同样聪敏,勤奋读书,然而同样试不第。三弟陈克修生性仁厚,乐善好施,救济贫困,惠及乡里。可以说,他们用不同的方式传承着陈氏家族的凤竹之志、君子之节。整个家族子孙上下一心,遵守"义门家法",成为当地修身齐家的典范。"竹瑕陈氏"也从此成为另一种称呼。

嘉庆二十三年(1818年),陈氏四兄弟在母亲何太夫人去世八年后,在友好协商的基础上分家,陈克绳作为长兄留居凤竹堂。

四觉草堂埋下读书种子

1842年，83岁的陈克绳去世。光大门楣、引领竹塅让陈氏走向更加辉煌的未来这一重任落在了儿子陈伟琳的肩上。而陈伟琳也不负父亲的厚望，用一生的努力，培养出了陈宝箴这位影响着中国近代史的重要人物。

或许有人奇怪，按中国传统的家族规则，无论是论嫡，还是论长，陈伟琳都不应当成为一族之长，那他又为何成为这个大家族的领军人物呢？《义门陈氏家法》明确规定，不论长幼，但择素行廉谨、仁恕在衷者委之，亦不限年月。这表明，义宁陈氏在管理人员的确立上，不论资排辈，不依年龄，而依人的品行。由此可见，义宁陈氏的后人之所以能在不同的领域百花齐放，与这种民主作风，这种与时俱化、因地制宜的变通精神密不可分。而这也正是义门陈氏这个大家族能不断发展的动力。

因为才干出众，陈伟琳成为竹塅陈氏的当家人，为陈氏，也为中国培养出陈宝箴这位对中国历史产生巨大影响的人物，也就有了后来的"大师中的大师"陈寅恪。不夸张地说，义宁陈氏能成为中国近代史上的文化贵族、模范之家，陈伟琳起到了奠基性的作用。

陈伟琳在小的时候就表现出不同凡人的聪慧，行事可谓少年老成。据说，他六七岁时就能领会古来圣贤作品的核心主旨，青少年时期就醉心于王阳明的阳明心学，这使得他能辩证地看待问题，不拘泥，不教条。这种世事洞明皆学问的态度，使得他在第一次科考失利后，就干脆利落地放弃这条人生之路，开始了一段长时间的游历，在游学中与天地万物交融，领悟人间大道。这不就是阳明心学提倡的知行合一，也是当今教育提倡的学习实践吗？

陈伟琳在青少年时期游历大江南北，这段经历提升了他的学养，丰富了他的阅历，也让他结识了很多天下奇士，具备了由表及里地推断事物的能力，使他更深地意识到隐藏在表面安宁的社会现象背后的真实的危机。因此，当回到偏安于一隅的竹塅陈家大屋时，他一边耕田种地，苦读国学典籍，潜心研究中医，一边投入更多的时间与精力在人才的培养上，将客家人崇文重教的传统进一步发扬光大，将父亲留下的耕读传家的思想进一步深化。在他的努力下，应试童生获得了更多资助，到道光二十四年（1844年），包括陈伟琳在内的几十位怀远士绅倡导捐资创办梯云书院，这是第一个在义宁州城设立的客籍书院，从此更多的怀远籍子弟得到了学习的机会，怀远学子在科举考试上的竞争力也得到进一步的提升。陈伟琳在这一系列的活动中表现出的关于教育的远见卓识，后来在以陈宝箴为首的陈氏家族的后代身上淋漓尽致地表现了出来，这是一种"非养无以成教"的教育智慧。

陈宝箴是陈伟琳的第三个儿子，陈伟琳共有三个儿子，可惜的是次子观瑞三岁早夭，只留下了长子树年和幼子宝箴。陈伟琳对孩子寄予厚望，一方面为他们遍请当时当地的名师启蒙授业，另一方面言传身教，循循善诱，教导孩子深入研究，比较学习，甚至在太平天国运动开始后，带领着两个儿子组织义宁州团练，让他们在实践中成长。虽然他最终因积劳成疾而亡，但他为竹塅陈氏开始步入仕途打开了一扇门。此后，因率团练协助收复义宁州城有功，陈树年和陈宝箴兄弟被论功行赏，陈树年以同知选用，陈宝箴授候补知县。

同是跟着父亲陈伟琳学习和做事，不同于长兄树年生性豪放，做事不拘小节，处事不善变通，陈宝箴在小小年纪就表现出做事的沉稳和机变，因此被陈伟琳选定为家族继承者，受到着重的培养。陈伟琳除了请义宁州怀远陈姓第一个获得科举功名的陈光祖为他启蒙，还为他延请当时当地数位"老夫子"授业。在梯云书院读书期间，陈宝箴还得到义宁州知州叶济英、督江西学政张芾的栽培。陈宝箴也不负所望，于道光三十年（1850年）获得童试第一名，次年在恩科乡试中中举，彻底打破了陈家文运不利的宿命。此后，陈宝箴在两试不第后依靠广交不同的朋友，从而在京城声名大噪，在英法联军入侵北京时，他适时献上"设传驼更运"的仓粮之计，加盟湘军，从此正式踏上仕途。

在今天看来，陈伟琳对陈宝箴的培养，正是体现了他对阳明心学的研究和贯彻。而在他的这种知行合一式的培养方式下，陈宝箴磨炼了自己的心智，开阔了眼界，培养了知时用势的能力，从而打破传统的成功之路，走上适合自己的成功之途。

陈宝箴在仕途上的成功，并没有使他忘记父亲陈伟琳在临终前留下的遗训："成德起自困窘，败身多因得志。"不管是主持军务，还是为官一方，他都很重视教育，包括自身的学习、对陈氏后代的培育，以及地方文教事业的发展。早在同治元年（1862年），陈宝箴就在离家数里远的地方，亲自动手建起四觉草堂，他不但自己闭门苦读，体味父亲的遗训之地，认清名利场的虚无，活出清醒的人生，还十分重视两个儿子——陈三立和陈三畏的家庭教育，尤其是陈三立，早早就在草堂的私塾里接受了严格的教育。四觉草堂也因此成为埋下陈氏家族读书种子的又一方圣土。

陈家私塾创新风

陈宝箴的长子陈三立于1853年10月23日出生于凤竹堂。在成长的过程中，父亲中举旗杆时时激励着他发愤图强，他想要像父亲一样蟾宫折桂。从6岁开始，他就和堂姐陈德龄（陈树年的长女）一起到邻近的村塾寄读，开启了为功名奋斗之路；10岁时就和弟弟三畏在四觉草堂的私塾中接受父亲的教诲，可谓年少博学，才识通敏，且为人洒脱知变通。陈三立是幸运的，有一个成功的父亲，但他从小也肩负着考取科举功名的家族重任，这让他的成长之路格外艰辛、沉重。

陈三立和陈家数位先祖一样，也是屡试不第，直到光绪八年（1882年）才中举。此时，他已快到而立之年。但他知道，等待着自己的科举之路还很漫长。光绪九年（1883年），陈三立赴京赶考，结果名落孙山。光绪十二年（1886年），陈三立会试中式，却因"楷法不中律"，而未能参加殿试。光绪十五年（1889年），陈三立补应殿试，终于中了进士，凤竹堂前的旗杆上终于刻上了他的名字。而这时的陈三立却喜忧参半。喜的是自己终于得偿所愿，忧的是此时的朝廷纲纪混乱，积重难返。感于此，他索性以回家侍奉双亲为由辞官而去。后来的事实证明，陈三立做出这样的举动，就像他所写的诗句一样："书生指画肚，赧未习其器。"相比父亲陈宝箴，陈三立不谙为官之道，多了些文人的清高、耿直，而这或许是缘于从小与父亲分离，受到伯父陈树年的更多影响的原因吧。

陈三立辞官后，从此伴随在父亲陈宝箴的身旁，协助他处理事务，照顾他的生活起居，父子同心协力，共同进退，为实现强国富民之梦不懈努力，留下了彪炳史册的功绩。

戊戌变法失败后，陈氏父子的强国富民之梦破碎，陈宝箴在历经沧桑后猝然离世。陈三立在处理完父亲的丧事后，用诗句"凭栏一片风云气，来作神州袖手人"表达了自己从此远离政事，"袖手神州"的态度。话虽如此，但陈三立的那颗忧国忧民的心却从不曾平静。这种情感无以寄托，最终化为诗文。这可以从他当时的诗句中"孤儿""痴儿""闭门人""伤心者"等自称上看出。光绪二十六年（1900年），陈家处于内外交困的境地。在外，自陈宝箴被罢官后，陈家人承受着世人的嘲讽；在内，由于失去经济来源，一家人的生活困顿。回到南京的家中后,他将自己租住的房子命名为"散原精舍",自号散原,以此表达自己当时面对国破家散的痛惜之情和避世之情。此后,他主要致力于诗文创作,其诗文曾盛极一时。他的诗文既有对时政的反思,也有对灾难下的中国人民的深切同情,且用语新警、长于炼字、风骨瘦劲、意象奇崛。其诗之影响力,从印度诗人泰戈尔在19世纪20年代访华时曾专门去拜访他这一事例中便可见一斑。

1923年,年过七旬的陈三立先后痛失伴侣和长子,被儿女们送到西湖休养。三月中旬,六十多岁的泰戈尔在诗人徐志摩的陪同下与之相见。泰戈尔以印度诗坛代表的身份,赠给陈三立先生一部自己的诗集,同时表达了希望陈三立先生也同样以中国诗坛代表的身份回赠他一部自己的诗集。陈三立接受了对方的赠书,但却婉拒了回赠自己的诗集的要求,而在这段中印文化史上的佳话的背后亦可见陈三立先生的君子之节。

隐居期间的陈三立,除了偶尔参加一些经世济民的活动外,将主要精力投入了继承陈家先祖的遗志,尽心尽力培育子弟,扶持、参与文教事业上。1900年,陈三立移居南京,不久后,他就在家中创办了私塾,着重于子女的教育,虽然私塾只是"两三间屋小如舟",但他却打破旧俗,开了女子教育的先河——陈家的三个女儿(康晦、新午和安醴)也随同兄长在私塾中读书识字。后来,他更是将这个私塾献出来,成为南京最早的新制小学——思益学堂的校舍。

陈三立和他的先祖们一样，不仅十分重视对子女的教育，更是让陈氏家族崇尚读书的精神薪火相传。当时的陈家私塾虽然狭小，但执教的老师却是学界名流，如陶逊、柳诒徵、萧俊贤等。思益学堂创办后，除了延请王景沂、王瀣等名流为师，还专门聘请了外国教师。在课程的设置上，除了教学四书五经，还专门开设了英语、数学、物理、化学等课程。除此之外，还注重德、智、体、美全面发展，为此专门为学生提供了文体活动的相应设备。在这里学习的学生，除了陈家及其姻亲家的子弟，还有一些世家子弟，这其中就有著名的桥梁专家茅以升及其兄长茅以南。

可以说，无论是陈家私塾，还是思益学堂，都引领了当时新式学校教育的创办。后来的两江总督张之洞创建三江师范学堂后，陈三立还曾出任学堂的"总稽查"，负责管理江西籍的学生。光绪三十二年到宣统年间（1906年—1911年），他还曾参与了复旦公学的相关事务，如借垫款项、协调各方，利用自己的私人关系为学校争取经费支持，等等。

1933年10月初，81岁的陈三立从居住了四年的庐山，经南京到达北平，居住在西城西四牌楼姚家胡同三号，治疗折磨他多年的前列腺疾病，同时也享受了一段逍遥自在的天伦之乐。1937年7月7日卢沟桥事变爆发，北平和天津相继沦陷，日军欲招致陈三立，百般游说，陈三立皆不应允，此后他开始拒食拒药，最终忧愤而死。

无论是陈公元、陈克绳父子，陈伟琳、陈宝箴父子，还是陈三立先生,终其一生,都以自己的实际行动延续着陈氏先祖崇文重教、重视后代教育的传统,因此陈氏后人人才辈出;他们用自己的实际行动,为陈氏后人树立了凤竹堂的凤之志、竹之节的典范,将凤竹堂的文人风骨传播下去;更用自己的学识为后人埋下读书的种子,让"忠厚传家久,诗书继世长"成为家族的传统,从而让读书的种子一辈一辈地传承下去,出现了中国文史界著名的"陈门四杰"。陈寅恪就是史界的"一杰"。

二、诗书为趣的年少时光

历史学家吴宓先生曾指出,义宁陈氏是"中国近世模范人家……父子秉清纯之门风,学问识解,惟取其上,所谓文化贵族",而陈寅恪作为"我国当代通儒第一人",作为这个文化贵族之家中重要的读书种子,又是经历了怎样的萌芽、成长过程呢?

慈母启蒙,名师授课

陈寅恪是陈三立的第三个儿子。他出生时,竹塅陈家恰好喜事连连:父亲陈三立在前一年刚刚进士及第,祖父陈宝箴又刚刚被重新启用,东山再起。这个男孩的出生除了为陈家添上一喜,仿佛也预示着他将在未来为凤竹堂前的那根高高的木杆刻上浓墨重彩的一笔。关于他的出生,还有一段轶事。

据说,陈寅恪的母亲俞氏在生他的时候,产程很长,全家都颇为焦虑。就在此时,陈宝箴和陈三立父子的诗友,当地知名的文士熊鹤村老先生兴冲冲地踏入陈家大门,而婴儿的啼哭声也同时传来。由于当时祖父陈宝箴已经去湖北上任,于是祖母黄太夫人就按族谱排名,为其取名寅恪,同时借熊鹤村老人的福寿,为其取字"鹤寿",不过陈寅恪长大后一直没有用这个字。

陈三立育有五子三女,除长子陈衡恪是早逝的原配夫人罗氏所生,余下的四子三女均由继妻俞氏所生。俞氏的闺名是明诗,字麟洲,出生于浙江绍兴的书香世家。她的父亲俞文葆是咸丰元年的举人,曾任湖南候补知县;他的兄长俞明震、俞明观,弟弟俞明颐,都是诗人。俞明诗本人也是一个才女,不仅能帮陈三立抄写诗文,自己也擅长写诗、弹琴,极具眼光和见识。这样的一位母亲,对陈氏兄妹的成长影响极大,称其是陈寅恪兄妹的启蒙老师并不夸张。在寅恪兄弟姊妹小的时候,母亲就为他们讲解诗文,让他们从小受到文学熏陶,为他们打下了深厚的文学基础。多年后,58岁的陈寅恪仍念念不忘11岁时母亲教他读宋代词人姜夔的词句时的情景。

陈寅恪八个多月的时候,就随父亲陈三立赶赴湖北的祖父身边。光绪二十一年(1895年)七月二十四日,祖父陈宝箴因荣禄的举荐赴湖南就任巡抚一职,陈寅恪也随之到达长沙,开始了自己的学习生涯,且表现出了过人的聪颖和超强的记忆力。八九岁时,祖父陈宝箴会客,小小的寅恪坐在一边静静地听着。客人走后,他竟然可以将谈话的内容记得一清二楚。

祖父和父亲对后代教育的重视,让陈寅恪的这份过人之处得以发挥。陈宝箴为孙儿们延请包括周大烈在内的大儒和饱学之士为塾师。周大烈乃湘潭大儒,出生于官宦世家、书香门第,从19岁就开始教书,可谓桃李满天下,在当地极负声望。就这样,陈寅恪跟随着哥哥衡恪和隆恪,开始了自己一生不辍的读书生涯。

陈寅恪从小就天资聪颖,陈俞两家优越的学习条件,又为他提供了博览群书的机会,从而使得他在读书中获得乐趣,在读书中得到成长,确定了一生以书为友的学习信念。

以书为乐的时光

上天似乎对陈寅恪格外厚爱,赋予了他极强的学习天赋。他不擅长运动,偏爱安静,同时具备超强的记忆力,从小看书,往往只看一遍就可以背诵,再加上他又格外热爱读书,这使得他从此便开始了以书为乐的快乐时光。

陈氏的藏书相当丰富,无论是陈宝箴的四觉草堂,还是陈三立的散原精舍,都有大量的藏书。据陈寅恪的侄子陈封怀回忆,陈寅恪从十几岁就开始读散原精舍里的藏书。除此之外,与陈家相邻的陈明恪的舅父俞明震的家中,虽然书籍的数量远不如陈家,但却多为精品。于是，陈俞两家的书房，就成了陈寅恪幼年的精神乐园，他常常在这两处流连忘返。晚年时的陈寅恪忆及这段快乐的读书时光，提到自己在舅父家里如何因为检读到钱曾（字遵王）所注的《牧斋初学集》时，对明末清初的文学家钱谦益的那句"埋没英雄芳草地，耗磨岁序夕阳天"拍案叫绝；如何阅读舅父俞明震在京城翰林院供职时用重金购得的有正书局石印的戚蓼生钞八十回《石头记》……

除了阅读的快乐，父亲陈三立还带着陈寅恪逛书肆，搜罗那些孤本。这是读书之外的又一惊喜。陈寅恪清楚地记得光绪二十五年（1899年）的一天晚上，自己跟随父亲逛书肆，意外发现了钱谦益作序的《吴梅村集》，父亲那如获至宝的狂喜神情犹在眼前。当时的他还为此困惑不解。然而成年后，当父亲亲手种下的爱书的"种子"在内心生根发芽，当他自己也爱上收藏天下已读和未读之书后，他便深深地理解了父亲当年之举。

陈寅恪爱读书，一方面是家学渊源家庭熏陶，另一方面则源于他自身对读书的热爱。儿时陈寅恪的最大乐事就是读书。他读书刻苦，孜孜不倦，真的到了废寝忘食的地步。尤其是关于文字的书籍，他更是格外喜欢。幼年时，他就专门对《说文解字》和高邮二王的训诂之学潜心研究过一番，甚至跟从曾经留学日本的朋友学习日文。这种对语言文字的特殊爱好，也为他后来学习并掌握德、英、日、法、藏、梵文等十几种语言，运用多种文字研究中国历史文化打下扎实的功底。

陈寅恪当时对读书热爱到了何种程度呢？他在和自己的学生谈及自己儿时读书的时光时，曾讲到自己"无书不观，夜以继日"。甚至由于太过热爱读书，每每读到通宵达旦，以至于家人十分担心他的身体，经常阻止他。为此，他将照明的土油灯带到床上，藏在被褥中，再将四周放下蚊帐防止灯光外泄。

陈寅恪热爱读书是刻在骨子里的，这种热爱已融入他的血液中，就算是到了晚年，仍旧痴心不改。陈封雄在回忆起叔父陈寅恪时，提到他在十几岁及后来自日本回国期间，终日埋头于浩如烟海的典籍中。而这种对读书的热爱，也对他成人后坚持中国文化本位有很大的影响。

在阅读中思考成长

陈寅恪的家庭条件，固然使他具备了优于一些同龄人的更好的读书条件，但他之所以能成长为一代史家大家，"大师中的大师"，又与他从小养成的读书习惯息息相关。陈寅恪读书，不是机械地阅读，而是边阅读边思考，是用怀疑的眼光阅读。这一点从他对陈家沿袭了的几代的中医治病的质疑和考证可以窥见一斑。

陈寅恪的曾祖陈伟琳的母亲谢太夫人体弱多病，陈伟琳为此专门钻研医书，竟然在几年内精通了各类医书的精要，从而练就一手好医术，并以医术而闻名乡里。此后，陈氏家人都对中医比较精通，如陈宝箴、陈三立。当年，陈宝箴不但用自己的医术为老友郭嵩焘及其家人诊脉开方，而且还为三朝阁老李鸿藻、湖广总督谭继洵、两位帝师翁同龢诊治疾病，而翁同龢本人就深谙医道，由此可见陈宝箴的医术是有一定的功底的。

陈三立的亲戚和朋友也称其通医术。陈寅恪出生后的第二年，陈宝箴、陈三立父子和两湖总督张之洞的幕僚们来往比较密切。陈三立就曾为有"晚清第一幕僚"之称的梁鼎芬医治久咳声哑的疾病，而且效果不错。陈三立的继妻、陈寅恪的母亲俞明诗从小就体弱多病，一直服用陈宝箴、陈三立父子所开的中药，直到后来举家移居南京后才请西医诊治。

受家庭影响，陈寅恪从小就知道中医，不但亲眼看到祖父、父亲如何用中医为亲朋治病，而且因为自身体弱基本上也是服用祖父、父亲开出的处方药，因此在晚年，他自称"中医之学乃吾家学"。然而即便如此，他在最初的时候也曾就这一可谓家学渊源的中医以审慎和质疑的态度相待，甚至为此浏览中医古籍。

陈寅恪10岁那年，他的曾祖母得了咳疾。某一天，祖父陈宝箴在谈到陈年旧事时，称自己当年从京师返回义宁时，有家人患咳嗽后服用了别人兜售的人参后痊愈。他怀疑家人服的不是人参而是荠苨，也就是长叶沙参，也称甜桔梗，一方面因为其价格太便宜了，另一方面因为荠苨外形像人参，同时还能治咳嗽。陈宝箴还专门指出，这一区别可以从明代医学家李时珍的《本草纲目》中查到。少年陈寅恪听后，并没因祖父的威信而轻信，反而专门查阅了《本草纲目》，还亲自动手捡拾荠苨加以验证，在确认事实真的像祖父说的一样后，才完全相信祖父之言。由此可见陈寅恪在治学上的严谨。

正是受这种学习态度的影响，陈寅恪从小便养成了不拘泥于经书和专家言论的学习精神，在阅读中敢于质疑和探究，而这也提升了他的阅读品质，使得他能在阅读时发现他人不易发现的问题，因此培养了他独到的眼光，为其后来能在学术上获得巨大的成就打下基础。须知，寻根问底是从事学术研究的必要之风格。

陈寅恪的表弟、同学、妹夫俞大维在《怀念陈寅恪先生》中特别指出，陈寅恪先生能将"十三经"中的大部分内容背诵下来，而且对其中的每一个字必求正解。因此，《皇清经解》及《续皇清经解》成了他经常读的书。

陈寅恪的阅读，除了善于质疑和研究，还在于阅读范围之广。俞大维说他"三通"（《通典》《通志》《文献通考》三种书的合称）序文都能背诵，更是看了很多其他杂史。除此之外，他还阅读过大量的宋诗、唐诗，苦读过韩愈、欧阳修、王安石、归有光、姚鼐、曾国藩等古文大家的著作，广泛阅读了一些史学、哲学典籍，甚至还阅读和学习了一些西方科学文化。而这得益于祖父陈宝箴和父亲陈三立开明的思想、灵活的思维和前瞻性的眼光。

戊戌变法失败，陈宝箴、陈三立被革职。于是陈宝箴就将心血更多地倾注在后代子孙的教育上，并亲自引导孙辈如何读书、成德、做人,或闲话旧事,或试以诗文,要求他们将"立志"作为读书、求知的第一要务。陈宝箴曾在孙子陈隆恪的扇面上题字,告诫他说:"读书当先正志,志在学为圣贤,则凡所读之书,圣贤言语便当奉为师法,立心行事俱要依他做法,务求言行无愧为圣贤之徒。经史中所载古人事迹,善者可以为法,恶者可以为戒,勿徒口头读过。"这里就强调了读书时要有比较,应有选择性地去阅读,有所取舍地去学习。少年老成的陈寅恪当然由此就更加懂得了读书的要义。

除此之外,陈宝箴、陈三立父子又注重引导后辈学习新思想和新文化。陈家的私塾除开设传统的"四书五经"的内容,还开设数学、英文等新式课程,这为陈寅恪的阅读拓展了空间,使之阅读的范围更为宽广,而这也为他后来成为学贯中西的大学者打下牢固的基础。

三、"大贞丸号"上的少年

历史的车轮滚滚前行,义宁陈氏发展史上最大的变革和挫折发生了。

明失知耻游学日本

光绪二十六年(1900年)六月二十六日,陈宝箴猝然离世。各类关于陈宝箴之死的文章,让义宁陈氏再度处于风口浪尖,背负着丧父之痛,陈三立闭门谢客,致力于诗文创作和后代的教育。

早在陈寅恪兄弟启蒙开始,祖父陈宝箴、父亲陈三立就对他们运用了开明的教育方式。到了父亲陈三立办起陈家私塾时,这种开明的教育思想更是表现出不同以往的新气象。每当新塾师到来时,陈三立就会亲自前往拜会,并与之强调陈家私塾的要求,即不打骂学生,不让学生读死书、背死书。这种教学模式不同于传统的教学模式,具有宽松的学习氛围,因此陈家的孩子得以在不同于同辈人的自由活泼的环境中成长,也就对新事物有了更多的好奇与探究,得以在书山学海中自由地去思考和学习。

在此特别要说明的是陈三立闭门谢客,专注诗文创作和对后代的教育,他在陈家私塾中为孩子们所聘请的老师都是名师。他们中有当时当地的大儒、名流和饱学之士,如以学问精深、颇具道德气节而闻名的王伯沆,文学家柳诒徵,近代画家萧俊贤,等等。自由的环境往往会产生创新性的教育,陈家私塾的先生们对陈寅恪兄弟不仅倾囊相授,还依据陈寅恪热爱语言学这一特点,对其采用"读书写识字"的教学方法。于是,陈寅恪读书是从字义的理解开始,继而由字到句,再由句到文,如此反复下来,不但可以记住文章,而且对文章理解得也很透彻。

光绪三十年(1904年)十月,陈隆恪和陈寅恪在父亲殷殷的期盼中,踏上了"大贞丸号",去日本留学。是什么原因让陈三立将两个儿子送去日本呢？还要从陈氏父子在湖南的新政活动说起。

光绪二十一年（1895年），65岁的陈宝箴几番沉浮后在荣禄的举荐下就任湖南巡抚。湖南此时正深受旱灾影响，二十多个州县陷于饥荒之中，可谓赤地千里，饿殍满地。陈宝箴临危受命，父子二人于上海会合后辗转到达了长沙，随后他们调动手中的一切资源，经过艰苦的努力，最终灾情有所缓解。此后，看到贪腐成风的湖南官场，陈宝箴又凭借自己多年的为官经验，选用贤能，整顿吏治，清理贪官。陈宝箴父子深知国运不昌、世风日下，要富国强民，要振兴三湘，就要发展洋务事业。而对于发展洋务事业，陈氏父子坚持的原则是在不伤国体的前提下，缓步实施维新变法，在小步缓进下实施渐变之法，达到富国强民的目的。

基于这样的原则，在完成上述一系列的行动后中，陈宝箴在随后的三年中，在儿子陈三立和随员的支持与帮助下，积极实行新政，包括在长沙设立矿务总局，兴矿业；兴教育，创办时务学堂，培养人才，甚至费尽心机请来梁启超这位当时的年轻名流为中文总教习（也就是现在的校长或教务长）；办报馆，请谭嗣同为《湘报》董事兼主笔，支持谭嗣同、唐才常等人创办南学会；开设铸钱局……实施了一系列的务实举措，且做得有声有色，初见成效。

可以说，当时的陈氏父子身边，名士荟萃，人才济济。大家经常聚集在陈三立的书房中，剖析世界形势，抨击腐朽的吏治，切磋诗文，讨论新点子、新方法。不能不说，与这些学贯中西的名士的交流，扩展了陈三立的视野与眼光，这成为影响他后来做出送儿子去留学这一决定重要原因,同样也影响了年幼的陈寅恪。

如前所言,陈寅恪幼时即能过目不忘,且具备了极强的比较分析能力,心智早熟。戊戌变法时期,年仅八岁的陈寅恪已经显露出刚强爽直、少年老成的性格特点。祖父和父亲当时所做的一切,以及他们身边名士们的交流内容,潜移默化地把新思想植入他的心中,也为他后来能乐于出国留学,了解更多的异域文化埋下伏笔。

光绪二十四年(1898年)二月初一日,南学会在长沙孝廉堂第一次开讲。陈宝箴在演讲中指出,"为学必先立志""志何以立?必先有耻。"他在演讲中,告诫湘民不应该以仇恨的情绪对待洋人,"当耻我不如人,不当嫉人胜我",而应该"夫战善战者,师敌之长以制之。今且不较彼己之长短,不论彼之所以得,而先明我之所以失"。这番话透露出来的"施夷长技以制夷"的洋务派的思想,也在一定程度上影响着后来陈家做出送后辈出国留学的决定。

目睹甲午中日战争中中国的失败,陈三立和他的父亲一样,不是仇视中谩骂和拒绝,而是在伤痛中觉醒,化屈辱为行动,化痛苦为力量,将父亲陈宝箴"为学必先立志",立志"必先有耻"这一训导付诸行动,并落实在陈氏兄弟身上。

光绪二十八年(1902年)春天,陈三立将陈衡恪和陈寅恪送上了去日本的"大贞丸号",希望他们开眼看世界,在学习中成长,明己所失,学彼之长。事实上,陈三立之所以先将陈氏兄弟送去日本,一方面是受他的朋友罗天钧的影响,罗天钧曾于光绪二十七年

（1901年）去日本考察和学习，归国后二人曾进行了深入的交流，陈三立对于日本的学校教育有了一定程度的了解。

另一方面则是得益于妻兄俞明震的职位的便利。俞明震是陈寅恪的母亲俞明诗的哥哥。15岁就以天才之名扬名。光绪十六年（1890年），俞明震三甲进士，进入翰林院的庶吉士，从事学术文化研究。戊戌变法期间，他参与了陈氏父子推行的新政。光绪二十七年（1901年），俞明震就任南京江南水师学堂兼附设矿务铁路学堂总办（校长）一职。

光绪二十八年（1902年），俞明震受两江总督刘坤一派遣，前往日本考察学校的事务，顺便将水师学堂及附设矿务铁路学堂的官费留学生送到日本。陈寅恪和哥哥衡恪以舅舅俞明震家族随员的名义，凭日本外务省批发的"家族滞在"签证，以"听讲生"的身份，前往日本自费留学。

比较研究埋种子

1902年，在南京长江码头，陈寅恪和哥哥陈衡恪，登上了日本轮船"大贞丸号"。轮船到达上海，和舅舅俞明震和他护送的官费留学的中国学生会合后，短暂停留后，前往日本。

此时的陈衡恪已经在上海一家法国人办的教会学校借读了一段时间，前往日本是为了学习博物学。陈寅恪则是为了开眼界，明事理，找差距。

不同于哥哥的目标明确，初出国门的陈寅恪并没有特别清晰、明确的目标，因此他一路上都在思考着自己到日本究竟要学什么。他想到在上海短暂停留时，哥哥衡恪带自己拜访同文书院总干事、英国浸礼会传教士李提摩太的情景。

早在去拜访李提摩太前，陈寅恪就因为祖父和父亲的关系，对这个人有所了解。他知道，李提摩太是一个中国通，早在同治九年（1870）就来到中国边学中文，边各地传教布道，宣扬西学。他不但对中国文化进行了深入研究，而且谙熟中国的民俗和风情，更与清政府的一些官员有着密切的交往，这其中就包括张之洞、左宗棠、李鸿章等人。李提摩太对于中国的维新变法运动充满了热情，还与维新派的代表人物梁启超、康有为等人有着相当不错的关系。

见到李提摩太后，陈寅恪惊讶于他那一口流利的北京话，这不但让双方交流无碍，也让他更多地了解了对方的所思所想。李提摩太对于陈氏兄弟的日本之行大加赞叹，认为中国的世家子弟，就应该走出国门，多了解外面的世界，而不应该过着醉生梦死、无所事事的日子。他指出立国之道在于立人，要挽救中国，需要先发展教育，用教育启迪蒙昧、唤醒民众。这段交谈，让陈寅恪想到了抱恨而去的祖父和还在努力的父亲，想到他们的立身之道，想到他们在教育上做出的种种努力，在惆怅之余，下定决心要学到更多的新知识。

一个月后，"大贞丸号"轮船驶入横滨港。陈氏兄弟也就此踏上异国的土地。他们随同舅舅俞明震、在船上结识的鲁迅等留学生转道前往东京。陈衡恪进入弘文书院普通科江南班，开始预备课的学习。学习内容主要是日语和普通课程。依据清政府驻日公使与日本政府共同制定的相关"条例"，每一个到日本留学的中国留学生先要过语言关，即学习日文，还要进行普通课程的学习。这里的普通课程，就相当于国内的共修课，包括教育、心理、伦理、教授法和管理法等相关文化知识。每个学生根据自身的实际情况，在这一阶段进行短则半年，长则三年的学习，考核合格后方能进入各类学校学习专业课程。而陈寅恪则进入巢鸭弘文学院读书。

在预科学习两年，陈衡恪毕业后进入高等师范学习博物学，而陈寅恪则在这一年的暑假返回南京看望父亲，同时参加考试，和五哥陈隆恪一道参加官费留日的考试，并顺利通过。兄弟二人在这一年的初冬，辞别父亲陈三立，再次踏上返日的轮船。这次同行的有林伯渠、李四光等一百多名中国学生。到达日本后，寅恪继续在弘文学院学习。

1905年初冬，陈寅恪和哥哥陈衡恪、陈隆恪一同返回祖国。陈衡恪是回国完婚，而陈寅恪则是由于水土不服而患上的脚气病日渐严重，不得不回国疗养。因此，他以弘文学院高中肄业生的身份，结束了他的日本留学生涯，从此再未踏入日本。

虽然在日本留学时间仅仅三年，但这三年中，陈寅恪全面掌握了日语，且达到精通的程度。这对他后来的语言学习与研究起到了至关重要的作用。可以说，陈寅恪之所以后来能确立语言学习与研究的目标，得益于这三年边看、边学和边思的学习过程。

早在上海与李提摩太进行交流时，语言学习的种子就埋在陈寅恪的心间。而在去日本之前，他虽然已经具备了一定的日文基础，但是并没有达到娴熟地进行阅读和交流的程度。经过弘文书院预科学习，他不但精通了日语，也对语言和文化之间的关系产生了浓厚的兴趣。三年中，他对日本学术界东洋史研究的崛起给予了高度重视，在苦读东洋史研究著作、佛学典籍上下了一番功夫，这也为他后来从事的研究打下了基础。

比如他在研究中，发现日本的民族文化受中国唐代文化的影响极深，至今还保留着中国唐代社会的某些生活习俗，而中日两国社会风气之所以发展到后来出现了差异，原因就在于日本受到唐代社会风气的影响较重，而后来的中国受宋代以后文化的影响较大。这些研究和发现，在他后来的学术见解中时有发现，也成为他后来研究中国历史时寻找相应的佐证的来源。再如他后来在考释白居易的《长恨歌》的诗句时，解释《霓裳羽衣曲》的来龙去脉时，联想到日本乐曲《清海波》中"据云即霓裳散序之遗音"；解读"春寒赐浴华清池，温泉水滑洗凝脂"一句时，考证"温泉"一词的由来就以日本生活习俗为参照，得出日本人所说的"风吕"就是洗澡，有缓解身心疲劳的作用。从这些都可以看出，陈寅恪对日本的生活及风俗的观察之细，研究之深。

除此之外，这一段时间的学习，让他的日语水平达到了听说读写无障碍的程度，而流利的日语为他和日本人交流搭建了桥梁，使他能进一步观察日本人的生活习俗，大量阅读日本的学术文化著作，研究日本的历史、文化特点和中日两国文化交流的情况，对日本的民族特性和文化心理有了深刻的了解，而这也使得他能对日本人的行为做出明确的评估。比如第二次世界大战后期，陈寅恪从报纸上获悉盟军打算将日本天皇定为战犯这一消息，就指出这件事是绝对不可能成功的，因为日本军人效忠天皇，将之视作神。倘若处置天皇，日本军人就会拼死抵抗，盟军要获胜就得付出相对更加沉重的代价。相反，倘若能保留天皇，由其下令议和，那么日本军人因为不敢违抗，盟军就会以较小的代价取胜。后来的事态发展结果正如他所预料的一样。

总之，陈寅恪虽然两次求学日本，但是时间不长。在日本求学的经历，为他日后的欧美留学进行语言文字和历史研究奠定了基础。

四、复旦公学的魁首

自19世纪40年代上海开埠之后，上海迅速成为远东最繁荣的港口和经济、金融中心。陈寅恪三年的日本留学成果，让父亲陈三立看到了"睁眼看世界"给孩子带来的变化。于是在陈寅恪从日本回国的第二年，即光绪三十三年（1907年），陈三立将陈寅恪送到了素有"冒险家的乐园"之称的上海,想让他到国内西学最为发达的地方长见识。

陈三立将陈寅恪送去读书的这所学校就是中国最早由国人自主创办的高等院校复旦公学(复旦大学的前身)。而陈氏与复旦公学的情缘,还要追溯到陈氏父子与熊元锷的友情。

熊元锷,字季廉,江西南昌人,是光绪二十九年(1903年)江西恩科乡试解元。当初陈宝箴在世时,在湖南大力推行新政,倡导新学,对新学极其热爱的熊元锷对他特别敬重和敬仰。陈宝箴被革职居于南昌,他曾亲自前去拜访,并被陈宝箴收为弟子。光绪二十六年(1900年),陈宝箴猝死,熊元锷前往凭吊,由此和陈三立相识。交谈之下,二人意趣相投,惺惺相惜,从此成为交往甚密的朋友。这年十月,熊元锷与陈三立交谈后,即前往上海,拜自己一直崇敬的严复为师,而陈三立也因此与严复开始有了书信来往。

光绪三十一年(1905年),教育家马相伯创建了复旦公学。由于曾经在南昌创办过乐群学堂,因此熊元锷受邀成为这所学校的校董。虽然学校在成立之初并没有对外招生,但由于熊元锷的关系,陈寅恪于光绪三十一年(1905年)秋到这所学校插班就读。

后来,熊元锷因为承担江西铁道和复旦公学两项事务终致积劳成疾,于光绪三十二年(1906年)病逝。陈三立、严复等痛心不已。为了亡友熊元锷,陈三立后来多次支持和援助复旦公学,包括为学校借垫款项,协调各方力量,还利用自己和两江总督端方的私人关系，为复旦公学争取常年经费支持。

在复旦公学学习期间，由于曾在日本留学，陈寅恪有了更加明确的学习目的和学习动力。因此，他没有辜负父亲的期望，勤奋学习，加之具有超人的学习天赋，很快就名列前茅。入学第二年，他考出94.2的高分，成为班里的魁首。此后的四年中，他一直是中学部的"学霸"，几乎所有的学科都是班里的第一名。他以自己优异的成绩，昭示着陈氏家族读书种子的鲜明特征。

不过，那时的复旦公学并非正式大学，不会给学生授予学位，但陈寅恪却拿到了平生唯一的一张学历证书。陈寅恪后来回忆自己这段学习经历，称该校相当于"高中程度"，而自己的这张学历相当于中学学历。

第二章 异国游学的耕耘时光

陈寅恪幼承家训，很早就明白读书不是为读书而读书、为求知识而求知识，而是要将从经史著作所阐发的大义，与正心、立志、做人结合起来。因此，尽管在复旦公学有着"学霸""魁首"的光环，但是他并没有停止向外探索的步伐。这一想法与父亲陈三立的想法不谋而合。1909年的秋天，20岁的陈寅恪在父亲的支持下，再次奔赴异国他乡，开始了欧美留学生涯。

一、游欧洲傥作摩霄鹰

1909年秋天，陈三立把爱子寅恪送上远去德国的轮船。淅沥的秋雨似老人心中的依依不舍之情，又似对儿子的殷切期望。于是在秋雨中，老人赋诗一首，希望儿子"后生根器养蛰伏，时至傥作摩霄鹰"。虽然陈寅恪心中同样有着离别的愁绪，但是此时的他心中更多的是澎湃的激情。于他而言，在这次远游中，留日时曾有的茫然已消失不见，取而代之的是坚定的目标和对未来满满的信心。

叹兴亡学子赋诗

在陈寅恪看来，留日时的自己更关注的是异国和留学的新奇，与兄长同行的快乐和踏实感。经过复旦公学的学习，他看到了自己在文学和史学方面的成就，找到了学习的方向；而他也在思考和比较中发现，日本之所以可以在近世崛起，源于学习西方。而要富国强民，与其闭关锁国，不如像日本一样学习欧美。当时，欧美的学术研究成果远超日本，因此要实现自己的目标，就要去欧美。而德国在当时欧美诸国中是高等教育最发达的国家之一，在语言学上的研究更胜一筹。

在茫茫的大海上漂泊了数月之后，陈寅恪顺利到达德国，在完成德语的学习后，于1910年考入柏林大学，从此开始了语言文学的学习之旅。纵然在闭门苦修中，他也时刻关注着外界的情况。当他获知日本武力吞并朝鲜这一消息时，不由得想到当年的《马关条约》，想到自己的祖国，于是挥笔写下"兴亡今古郁孤怀，一放悲歌仰天吼"的诗句，以表达自己内心的悲愤和对清政府无能的不满。

1911年春天，困扰着陈寅恪的脚气病又复发了。无奈之下，他不得不换个环境，调理休养。于是他干脆趁机来一次欧洲游，看一看欧洲各国的风土人情，这也算是一次知行合一的学习。

他先到挪威，在这里待了二十多天，了解这里的风土人情，这里人们的生活和个性特点。春天的挪威风景优美，景色怡人，在凭吊剧作家、文学家亨利克·易卜生墓时，他以"北欧今始有文章"高度评价了这位文豪。陈寅恪虽然也为这里的美好而沉醉，但对于此情此景，想到万里之外的祖国，他仍感慨良多，并将自己的所思所想融于诗歌中，"回首乡关三万里，千年文海亦扬尘"，将自己心系祖国，时刻感知祖国的变化之情表达得淋漓尽致。

当年夏天,困扰了他数年的脚气病竟然好了,陈寅恪在惊叹之余,怀着感激与留恋之情,离开了挪威,转而乘船向法国而去。

轮船渡过波涛浩瀚的北海,经多佛尔海峡,停泊在加来港,法兰西共和国就在眼前。这个欧洲启蒙运动的中心,孕育了伏尔泰、卢梭等哲学家,培养出雨果、巴尔扎克等文学家。在这片土地上,新旧思想发生过激烈的碰撞,热月政变、七月革命先后上演。这些人与事吸引着陈寅恪,这个善于思考和学习的"读书种子",徜徉于这片土地,不断地观察、学习与成长,他的内心发生了激烈的革命。当他在法德交界处的孚日山脉旅行时,乡间美景让他想到家乡,想到亲人,想到祖国,于是在写给友人的信中,他用清幽的笔触描写了这里的田园风光,其触景生情而生发的思乡之情和对祖国、亲人的关切之情,在"三宿凄迷才未尽,中原迢递事难知"的诗句中表露无遗。

苦求学辗转各国

1911年秋,陈寅恪从法国边境经卢森堡进入德国,再从德国到达瑞士,在这个"世界公园"开始了一段新的求学生涯。他从柏林大学转学到了苏黎世大学。这所大学是瑞士规模最大、最富现代气息的综合性大学。虽然建校时间远不如前者,但是它民主、多元、国际化的特点,以及德、法、意三种教学语言,深深地吸引着陈寅恪,让这个极富语言学习天赋的"读书种子"看到了更多的学习机会。

在苏黎世大学学习期间,陈寅恪迅速掌握了德、法、意三种语言,这不仅为他研究这些国家的民族、历史提供了极大的便利,也为他获得祖国的信息提供了更多的渠道。

就在陈寅恪转学到苏黎世大学不到一周的时间,英、法、德、意文刊登载的一件惊天动地的大事震惊了全世界:在孙中山革命思想指引下,革命党人在1911年10月10日发动了武昌起义,建立了湖北军政府。陈寅恪看到这些报道,意识到国内必定发生了翻天覆地的变化。心系祖国,忧心家人,他不知道这次革命究竟是好是坏,更不知道自己那个当初力主维新的老父亲在这样的革命面前能否顺应时代的变化。据说,他还曾专门给从南京到上海避乱的父亲写信,劝他剪掉脑后的辫子,顺应时代的变化,当然也遭到了父亲的拒绝和申斥。

对于陈寅恪来说,他曾目睹自己的祖父和父亲为清王朝呕心沥血,也亲眼看到他们承受的一系列不公平的对待,因此他虽然不赞成革命党人的激烈的变革方式,但是基于对自由、民主和独立的向往,以及对新鲜事物的敏感,他并没替大清王朝唱挽歌,而是持乐见其成的态度。因此他不仅在获悉武昌起义胜利的消息时,兴高采烈地去欣赏雪景,还在1912年2月12日清帝退位的消息传来时欣然作诗一首,以"西山亦有兴亡恨,写入新篇更见投"来表达辞旧迎新的喜悦之情。

国内军阀混战不息,形势混乱不堪,这自然也影响到了陈寅恪等留学生的生活。最突出的表现就是海外留学生已经无法及时得到国内的汇款,失去了经济来源。陈寅恪和大家一样,生活极度窘迫,但这并没有阻断陈寅恪等留学生的求学之路。为了继续学习,陈寅恪尽量节约开支,每天一早就到商店去买少量最便宜的面包,然后靠着这点少得可怜的面包在图书馆挨过一天。

原本陈家在陈宝箴去世后就失去了重要的经济来源,加之陈三立不善于理财,家中的经济状况已经远不如前。现在陈寅恪和两个哥哥都在国外留学,数量不菲的费用已经让三立老人筹措起来相当吃力。所以这样的日子没维持多久,陈寅恪就不得不暂时中断在苏黎世大学的学习,于1911年底从欧洲回国。

回国后,陈寅恪目睹了陈家亲朋故交的变化,看到了清王朝被推翻对诸多家庭和社会的影响,目睹昔日和祖父一样的显贵之家,失去了赫赫的地位,心情格外复杂,进而发出"优游京洛为何世,再徙江湖接胜流"的感叹。与此同时,他拜访了历史学家、学者夏曾佑先生,与这位世伯的一番交谈,也让他感慨良多。

当时,夏先生感叹自己只能看中国书,外国书看不懂,但是近来已经觉得没书可读了。陈寅恪以为中国的书籍浩如烟海,何为无书可读一说?难道是夏先生已经把中国的书都读完了?这怎么可能?几十年后,在书海中沉浸多年的陈寅恪明白了夏先生的言外之意，他说："中国真正的原籍经典（原典）也只不过一百多部，其余的书都是在这些书的基础上互为引述参照而已。"因此，读老书，读经典，是一个不会过时的读书策略。

除了夏先生在读书方法上给他的启发，沈曾植先生在此期间对他亦有深远的影响。沈先生是陈三立先生的老友，二人同为"同光体"①的重要诗人。沈曾植先生博学多才，能诗善文，精通音韵、训诂、梵文和佛学，被尊为"同光体之魁杰"，著作有《蒙古源流笺证》《元秘史笺注》等。陈寅恪十分崇敬这位前辈，他早期将西北边疆史地之学作为研究重点，这与沈曾植先生对他的影响密切相关。

没过多久，在父亲的努力和亲友的帮助下，陈寅恪筹足了留学的相关费用，再次前往欧洲留学。1913年春，他经西伯利亚进入欧洲，考入法国巴黎高等政治学校学习。在接下来的一年半多的时间里，他在这所学校的社会经济部学习。而他之所以选择与他感兴趣的语言、历史研究关系不大的这样一个专业，或许是基于他对社会变革的思考。在这段学习期间，当他获知袁世凯就任终身大总统的消息时，他感叹地写出"花王那用家天下，占尽残春也自雄"这样的诗句，其背后的讽刺之意不言自明。

---

① 同光体：近代学古诗派之一。"同光"即清代"同治""光绪"两个年号。同治末年（1874），沈曾植才24岁、陈三立21岁、陈衍19岁、郑孝胥14岁，都尚未成名，其诗作尚未能自成一体。光绪九年（1883年）至光绪十二年（1886年）间，郑孝胥、陈衍开始标榜此诗派之名，宣称指"同、光以来诗人不墨守盛唐者"，随着后期大批文人等追捧，"同光体"逐渐成为一种成型的诗风。

在巴黎高等政治学校学习期间，陈寅恪在王国维的介绍下，结识了欧洲著名的汉学家保罗·伯希和。伯希和当时在法兰西学院讲授敦煌学，这个有着丰富的中国历史文化知识的外国人，不但说着一口流利的汉语，还精通藏、蒙、突厥等十三种语言。由于曾经于1906—1908年在中国甘肃、新疆一带考察，因此他手里拥有大量敦煌莫高窟的经卷。与伯希和结识之后，陈寅恪首次得到大量接触以敦煌文献为主的各种新资料的机会，其学术眼界得以拓宽。

就在陈寅恪在学术上大有进展之际，1914年6月28日萨拉热窝事件爆发，奥匈帝国皇储被刺死，奥匈帝国和塞尔维亚两国发生战争，随后引发第一次世界大战，欧洲陷入战火之中。1914年，陈寅恪不得不匆忙回国。

二、旅美"三杰"聚哈佛

1914—1918年，陈寅恪在国内停留了三年多的时间。这三年多，也是他平生唯一一段与政治结缘的时期。除此之外，他主要的事情就是在家中侍奉父母，继续深入研究哲学、文学、史学、经学等著作。随着研究的深入，他越发觉得当初在德国的留学要接续起来。

进哈佛短暂留美

1917年,陈寅恪获得了湖南省留美学费余款的官费资助。1918年,陈寅恪决定再次出国留学。尽管他对德国的柏林大学仍旧充满向往之情,但由于此时欧洲的上空弥漫着战争的硝烟,交通不便,人身安全难以得到保证。于是几经斟酌,他决定先去相对安全的美国留学,等形势安定一些再去德国。

1918年11月11日,德国宣告投降,第一次世界大战结束,欧洲国家即将启动重建的议程。伴随着战争的结束,陈寅恪心心念念的德国留学之路也好像变得明朗起来。1918年12月底,陈寅恪从上海启程,坐上了开往美国的轮船,开始了短暂的美国留学之旅——他此时赴美更深一层观望、过渡之意。经历了一个多月的旅程,陈寅恪踏上了北美的土地。1919年1月29日,他正式注册成为世界顶级大学——美国哈佛大学的文理研究院的一名留学生。

1918—1919学年,哈佛大学的学制和现在不一样,一学年被分成秋季、冬季和春季三个学期,外加夏季的假期或暑期学校。陈寅恪到达时,恰好是1918—1919学年的第二个学期,也就是冬季学期,但已经过了第二个学期的正式开学时间。考虑到在美国停留时间有限,他将梵文和巴利文作为主攻方向,其导师是极负盛名的查尔斯·兰曼(Chares Rockwell Lanman)教授。除此之外,整个学年,他只选修了与德国相关的德语类课程"歌德之《意大利游记》"和历史类课程"现代德国史",为接下来去德国的继续留学做准备。

查尔斯·兰曼是哈佛大学的印度语文学教授。他是陈寅恪的导师。他早年曾在耶鲁大学读书,并在威廉·惠特尼(William D. Whitney)教授的指导下学习梵文。1873年,兰曼获得博士学位后前往德国,跟从鲁道夫·鲁思(Rudolf Ruth)研修印度语言。三年后,他学成返回美国,在新创立的约翰·霍普金斯大学任教。1880年,兰曼进入哈佛大学文理研究院做梵文教授。1888年,他去印度进行一年的游历和研究,回国时带回了500册左右的古印度文书籍和手稿。这些是研究梵文的珍贵的资料。1888年,兰曼教授出版了此后长期是梵文研究领域入门教材的《梵文读本》(Sanskrit Reader)。在他主编的《哈佛东方丛刊》(Harvard Oriental Series)中,他还翻译介绍了大量印度文学、宗教与哲学典籍。

兰曼教授具备渊博的知识,在梵文和巴利文的研究上造诣颇深。在做陈寅恪的导师期间,二人结下了深厚的师生情。

查尔斯·兰曼教授
(Charles Rockwell Lanman)

逢知己"三杰"聚哈佛

陈寅恪能选择这样一位在梵文研究领域中的重量级人物作为自己的导师，是在旁听兰曼教授课俞大维的推荐下做出的决定。

俞大维是陈寅恪的表弟，即陈寅恪的三舅俞明颐的长子，其母亲是曾国藩的孙女曾广珊，后来他更是成为陈寅恪的妹夫，即陈新午的丈夫。作为书香门第的长子，他同样是在极佳的教育环境中成长起来的。他16岁考入上海复旦中学，18岁入复旦大学预科学习经济学及德文，继而进入上海圣约翰大学[①]读书。大学毕业后即赴美国哈佛大学攻读数理逻辑和哲学，获得博士学位后转而到德国继续攻读数学及哲学。1929年回国后从政。抗日战争期间，他所领导的兵工企业为中国军队提供了重要装备，培养了大量优秀的人才，而他也因此被誉为"兵工之父"。

当然，这些是俞大维后来的人生经历。俞大维比陈寅恪早一年来到哈佛大学读书。由于对佛经感兴趣，于是在1918年11月27日，他写信给兰曼教授，表示自己因为想将一些中国的佛经翻译成英文，因此希望可以选修兰曼教授开设的梵文课。最终他以旁听的身份听了兰曼

[①]圣约翰大学：简称圣约翰、约大，诞生于1879年，初名圣约翰书院。1881年成为中国首座全英语授课的学校。1892年起开设大学课程，1905年升格为大学，是中国第一所现代高等教会学府。

的梵文课，虽然最后因为学业负担过重而放弃，但是兰曼教授给他留下了深刻的印象。因此，当陈寅恪到哈佛选择导师时，俞大维就将兰曼教授推荐给他。

当时跟从兰曼教授学习的哈佛中国留学生，除了陈、俞二人，还有汤用彤和李济。汤用彤是湖北黄梅人，用庚子赔款留学美国。他先在明尼苏达州汉姆林大学哲学系学习，主要选修哲学、普通心理学、发生心理学，后进入哈佛大学研究院仍进修西方哲学，同时学习梵文、巴利文及佛学，也因此和陈寅恪一样成为兰曼教授的弟子。同一时期，经俞大维介绍，陈寅恪和小自己四岁的吴宓相识，二人一生的友情也从此开始。

在哈佛留学期间，陈寅恪、汤用彤和吴宓经常互相交流、探讨和学习，在他们周围逐渐形成了一个以融合新旧文化为志向的留学生群体，大家时常聚会交流读书心得，此三人也被称为"哈佛三杰"。

虽然汤用彤、吴宓和陈寅恪治学领域不同，但是他们和陈寅恪一样坚持"读书必先识字"的学习原则，因此都将语言学习作为重点。因此，通晓多种语言就成为他们的共同特长。陈寅恪在哈佛开始系统学习印度语言，兼修希腊文、阿拉伯文，一共学习了三十多种语言。汤用彤除了跟从兰曼教授学习梵文和巴利文，还掌握了英文、法文、日文、希腊文、拉丁文、德文。吴宓也精通数门外语。可以说，语言的学习也为他们在后来进行的跨文化研究打下了坚实的基础，使他们在各自的领域里成为一代学术大师。

三、"中国最有希望的读书种子"

在哈佛学习两年多后,陈寅恪的梵文获得了较大的进步,但要进一步研究梵文,还得去柏林大学。1921年9月,为了更进一步学习梵文、巴利文等语言文字,陈寅恪告别恩师好友,前往德国柏林大学继续求学。

为学问苦读不辍

柏林大学在国际上声誉极盛,一方面这里有物理学科的领袖,如普朗克在这里讲授量子力学;另一方面这里的语言学和历史学同样蜚声世界,其东方语言研究所成立于1887年,并于1912年正式设立汉学讲座。其所进行梵文等东方语言文字的研究,在世界东方学研究中名列前茅,其领军人物海因里希·吕德斯(Heinrich Lüders)教授是欧洲梵学泰斗。历史学方面,柏林大学是西欧"科学的史学"的开拓者。这些成就吸引着世界各地的学者和学子纷纷前往。

1921年秋,陈寅恪第二次进入柏林大学留学,成为东方语言研究所中众多学子中的一员,师从吕德斯教授,继续攻读梵文和多种东方语言文字,包括巴利文、藏文等。

吕德斯教授在对梵文和巴利文等东方语言佛教文献的研究、吐鲁番出土佛教文书整理与研究方面的成就是学界公认的。于是陈寅恪在他的指导下，进行了梵文、巴利文等多种东方语言文字的学习与研究，其东方语言文字水平也因此不断精进，迈向了新的高峰。

在柏林大学学习期间，陈寅恪采用了不同于国内的学习方法——比较语言学，就是将用两种语言撰写的同一种佛经进行比较阅读，了解其中的语言规律。而这种学习方式的形成，则得益于他可以经常去"蹭课"，并在此过程中得以在多种语言的比较中进行学习和研究。当时，他除了跟从吕德斯教授学习，还利用"蹭课"的机会，广纳博收，多方吸取文化知识。例如，他去听精通多种东方语言的缪勒（Mueller）的课，学习佛经文献阅读课程；他还听海尼斯（Erich Haenisch）和佛兰科（Herman Franke）的课，他们是梵文和比较语言学的大师，尤其是前者，对蒙古文、历史都颇有研究，陈寅恪在听他们的课的过程中，也受到了很深的影响。

可以说，他后来精通多种语言和佛典，除了运用了比语阅读的学习方法，也与这段时间接受这些名师的指导密切相关。正是因为得到这些名家的指点，陈寅恪的东方语言文字水平得到极大的提升，对佛学、西域边疆史地的了解也更上一层楼。

陈寅恪在柏林大学共学习了四年，在这四年中，他不仅跟从名师学习，自己还广泛阅读大量书籍文献，积极寻找一切机会听名家讲课。他在此期间曾重回巴黎，除了去看望当时在巴黎的弟弟陈登恪，还为了去图书馆查阅资料，到各大学"蹭课"，拜访名师，这其中就包括当时法国著名学者、汉学大师伯希和。

伯希和曾于1908年2月到敦煌莫高窟进行详细的考察，是第一个对敦煌莫高窟进行较全面、系统、细致的记录的人。当然，他也是一个劫走相当多的敦煌史料和珍贵文物的小偷。对于这样一个文化强盗，我们虽然鄙视他的为人，但是也必须承认他是一个研究东方文化的专家，对敦煌文化的研究有着相当高的造诣，其对敦煌卷子等文物史料的梳理和考证，具有极高的学术价值和文物价值。陈寅恪在巴黎期间就曾向他请教了东方语言文字等相关方面的知识，并从中获得启迪。

陈寅恪在德国留学的第三年，即1923年，处于北洋政府统治时期的中国，国内混战不休，局势越发动荡。这种动荡的局势直接影响了海外留学生的生活，最直接的反映就是留学生的学费无法保证。陈寅恪的家中，自祖父陈宝箴去世后，经济状况每况愈下。陈寅恪是以官费留学生的身份在美国和德国留学。现在由于局势动荡，学费停寄，他的生活受到了极大的影响，经常三餐不继。然而，就是在这样艰苦的条件下，他仍以顽强的毅力努力学习。他在后来和女儿讲起这段时间的生活时，曾说当时为了节省费用，他会在每天早上买一点儿最便宜的面包带到图书馆，然后在里面坐一整天。这样的生活，令他的身体健康情况每况愈下，后来他疾病缠身和这段时间的生活不能说没有关系。

然而，就是在连面包甚至都不能保证的情况下，他也不曾放弃学习。他如饥似渴地吸取多方面的知识，甚至谢绝赵元任推荐他到哈佛大学教书的好意。他甘于清贫，如同一尾鱼一样在自己感兴趣的学术领域内尽情地遨游，他在给赵元任的信中说："我不想再到哈佛，我对美国的留恋只是波士顿中国饭馆醉香楼的龙虾。"

可以说，通过这段时间的苦读苦学，陈寅恪的身上集中体现了"中国最有希望的读书种子"的特质，而这种特质后来也通过他传承到了他的学生身上。

为研究努力购书

如同所有爱读书的人一样，爱书如命的陈寅恪也以购得自己喜欢的原典书为极大的乐事。陈寅恪买书不是为了收藏，也不是为了填充生活空间，更不是为了独占，而是为了阅读和研究，为了日后进行研究积累资料。

早在美国留学期间，他将钱大多用于购买书籍上。好友吴宓说他和俞大维不仅是当时在哈佛的中国留学生中读书最多的，也是买书最多的人。在美国留学期间，他所买的书就多达数百本，将他的住处都填满了。这些书多来自旧书店。

在旧书店要找到自己需要的书，并非易事。有时数次往返都买不到心仪之书，有时遇到又价格过高。由于陈寅恪和俞大维是那里的常客，因此他们经常可以在那里买到价廉物美的好书。作为好友，陈寅恪当然要带着吴宓同行，他常常带着吴宓去逛旧书店，有时获得超值的收获。

由于陈寅恪无书不读，爱书如命，因此不管是在经济相对富裕的美国留学时期，还是在经济困窘的德国留学期间，他都保持着买书、藏书和读书的习惯，且以买到一本好书为乐。

陈寅恪在学习的过程中，发现藏文和汉文是同一个系统中的文字，而梵文和希腊、拉丁及英、俄、德、法文字，则属于另一个系统。可是经过数千年的发展，藏文已经采用梵音字母来拼写，比汉文的变迁明显得多。由此他认为，假如用西文研究语言的方法，也就是比较语言学的方式将汉文和藏文进行比较，那么效果一定胜过此前任何研究。为此，他将从晋唐时期到晚清时期俞曲园的《金刚经》的多种注本进行比较，感觉晋唐时期的和尚应该是通晓梵文的，因为上面的注解是正确的，但是其他时期的注本经常出现望文生义的错误。而据《护法因缘传》记载，禅宗是由佛陀大弟子迦叶传心而独成一宗，但这本书已经被证实是伪造的，所以他比较怀疑书中关于达摩的说法。为了释疑研究，他开始对《大藏经》进行深入研究。这一研究并非一日之功，而自己在国外留学的时间是有限的，陈寅恪特别想自己手中有一套《大藏经》，这样自己即使回国也可以接着研究。可惜的是，《大藏经》一类的藏书只有外国图书馆有，而国内图书馆是没有的。

机会终于来了。1923年初，陈寅恪无意中从一家中国报纸上了解到商务印书馆重印了日本刻印的《大藏经》这一消息，他内心的喜悦无以言表，立刻提笔给国内的妹妹陈新午写信，请她帮自己借钱购买。同时，他还写信给在北京的大哥陈衡恪和五哥陈隆恪，希望他们能帮自己购买便宜的满、蒙、回、藏文书籍。

然而，陈寅恪的这一心愿没能实现。就在他写给妹妹的家书发出去不久，从国内传来了噩耗：母亲俞明诗和大哥陈衡恪相继患病离世。这一消息不但让他陷于悲痛之中，久久难以自拔，同时也让他失去了购买《大藏经》及其他所需要的书的费用，使得他在德国的留学生活更加艰难。但陈寅恪没被困难打倒，他强忍内心的悲痛，仍旧每天埋头在图书馆学习和研究。

此后，购买一套《大藏经》的想法成为他内心的一个梦想。直到多年后，已经成家立业的陈寅恪，终于花巨资（两千多银元）购得《大藏经》。虽然价格比之前贵了四倍，但于他而言，这钱花得值！

四、在比较中阅读与成长

陈寅恪先生喜欢读书，并且读书有方。他所涉猎的学术领域之宽泛，让人惊叹，这除了与他超凡的天赋、陈氏家庭私塾的培养相关，还与他爱读书、善读书有关。他所使用的独特的比较阅读的读书之法，极大地提升了他的读书效率。这种比较阅读之法，体现在他的读书态度上、选书方法上，更体现在质疑精神上。

"不肯为人忙"的读书态度

可以说,陈寅恪在长期游学过程中,根据自己比较科学的读书之法,奋发潜研,开拓创新,不断超越自我,从而让自己博学多识、眼界开阔。

> 群趋东邻受国史,神州士夫羞欲死。
> 田巴鲁仲两无成,要待诸君洗斯耻。
> 天赋迂儒"自圣狂",读书不肯为人忙。
> 平生所学宁堪赠,独此区区是秘方。

这是陈寅恪在1929年5月写的一首诗。诗中"读书不肯为人忙"是他的读书态度,也是他之所以能被誉为"中国最有希望的读书种子"的原因之一。

"读书不肯为人忙"中的"为人",语出《论语·宪问》,原句是:"子曰:古之学者为己,今之学者为人。"所谓"为人",就是读书是给别人看的,为了装饰自己;"为己"则表明读书是为了修养自己的道德和增进学问。这句话伴随了陈寅恪的一生。他一生都在为自己的理想而读书,而不是出于博取功名和利益而读书,因此他在学问上从不曲意逢迎,更不会标新立异或炒作自己。

正是这种"不肯为人忙"的读书态度，使得他能保持独立思考的精神，能不受已成观念的约束，提出很多富有创新性的观点和看法，才能使他的学术水平不断精进，从而成为史学大师。

正是这种"不肯为人忙"的读书态度，使得他不沉湎于"酸葡萄"心理，一味惨淡无力地高喊爱国，而是吞下"弱国""东亚病夫"的耻辱，虚心向外国名师求教，为的就是终有一天让研究中国史的权威和研究中心回到"中国"；让研究中国史的权威是中国人，而非外国人；让中国学子群趋向外学习中国史的怪现象消失。

正是因为目睹中国的极贫极弱，中国学术文化的落后，这颗"中国最有希望的读书种子"才会身体力行，苦心孤诣，钻研中国历史，希望用自己的学术成就去实现学术强国的梦想。

关于此点，陈寅恪先生在1929年清华大学成立二十周年时发表的《吾国学术之现状及清华之职责》可以为证。在这篇文章中，先生就当时学术文化未能学术独立的现象，明确指出：求中国学术之独立，实系吾民族精神上生死一大事者。倡议清华同人、全国学人共同克服这一"弊端"。

后来的事实表明，寅恪先生的努力终获成效。他的研究在世界范围内筑就了新的高峰，被国际学术界认可；他的研究，使中国学术获得世界学术界的尊重。

敢于质疑的读书精神

陈寅恪先生深谙"尽信书,不如无书"这一道理,从小读书就极富质疑精神,这使得他虽然大量读书,但是从不唯书,从不唯书本至上,而是能以批判和质疑的态度去阅读。无论是他小小年纪时就能对中医医药进行研究和考证,还是成年留学时的读书、选书、购书,都体现了这一质疑精神。

先生爱读书,但并非什么样的书都阅读。他将书分为三类,即最低限度的读物、进一步学习的读物、深入研究的读物。在他看来,"最低限度的读物"是必读书,要格外重视,因为这样的书,是做人做事的基础,不但可以让人获得最低限度的知识,而且可以让人明善恶,知荣耻,如《诗经》《尚书》《礼记》等这些典籍。其中的一些书,甚至最好能背诵下来。这样的观点,是先生基于对这些典籍的阅读和分析所得,如他分析指出,《礼记》是儒家的杂凑之书,不过其中包含的理论却是儒家最精辟的内容。

先生读书喜欢读原典,读"老书"。因为原典和"老书",往往是一门学科的入门书,保留着内容的原创性和基础性,不会在流传的过程中被曲解、被误读,不会误导人。这是先生读书的基本策略,也是其质疑精神的体现。如果当初他不对夏曾佑先生的话心存疑问,就不会在日后的阅读和研究中品悟,也就不会有后来的那些学术上的独特见解和过人的成就。

先生读书，可谓不动笔墨不读书，这也是他读书时质疑精神的体现。陈先生在读书中有个习惯，即喜欢将自己的疑问或新发现、新体会及对比校勘等，以文字的形式批注于书眉及行间空白处。因此他读过的书，上面必定满是圈圈点点的标注。这些随手记录的内容，并非漫无目的，而是对所读内容的校勘、批语，是他在阅读中的思考和怀疑。王邦维先生在《陈寅恪读高僧传批语辑录》一书中说，他在阅读陈先生读过的南朝梁慧皎的《高僧传》一书时，在书的上下空白处及行间，发现大量的批校，多的时候竟然在原书上找不到空白的地方写，干脆就写在前后页上。而从字迹大小和墨色看，同一相关内容的批语，往往不南朝梁代一时写成，前后时有补充或更正。如果缺少了读时的质疑、读后的思考，这些批语又来自何处？而这些随手记下的批语，常常成为他日后论文的基本观点和著述的蓝本。

可以说，细品陈先生的一生，他之所以在学术上取得了非凡的成就，与他这种对知识的质疑精神和求实求真的精神是密切相关的。

书籍是文化的重要载体，是人类进步的阶梯，被誉为"中国最有希望的读书种子"的陈寅恪先生的这些读书态度、选书方法和读书方法，让人们看到阅读与成长的关系，这也是在提示人们要在阅读过程中，少些浮躁、多些宁静，少些空谈、多些实干，真真正正、踏踏实实地去多读好书。

第三章　风雷难动的友情

第三章　风雷难动的友情

在史学大师陈寅恪先生的人生历程中，与其交往的人可谓多矣。先生与人相交的方式多为聚谈、诗文唱和、书信来往。本书中，主要介绍吴宓、傅斯年、冼玉清、王国维。

一、吴宓：莫逆之友

吴宓（1894—1978年），原名吴玉衡，字雨僧，笔名余生，文学评论家，中国比较文学的先驱者。吴宓是经陈寅恪的表弟俞大维的介绍两人相识，他是陈寅恪结交最早、持续时间最长、感情最深的朋友，称其为陈寅恪的莫逆之友并不为过。

哈佛校园的砥砺相学

吴宓是陕西泾阳县人，他的堂姑母就是晚清陕西女首富周莹。吴宓从小就聪明过人，有过目不忘之才。由于生母病逝，3岁时，吴宓就被过继给叔父吴建常做继子。吴建常是1897年陕西乡试的副贡生，长相俊美，个性豪放，举止风流，爱好广泛，学问

吴宓

渊博,喜欢仗义疏财,在乡里和陕西省里久负盛名。吴宓对这位叔父特别亲近和崇拜,将其视为父亲、老师、朋友和"母亲",可谓事无不告、理无不问。在这位父亲的影响下,吴宓少年时期就开始阅读《红楼梦》和《西厢记》等文学作品,并从15岁开始就学习写诗,积累了深厚的文学底蕴,也养成了浪漫主义的人生态度和慷慨豪爽的个性。

1911年,吴宓考入清华学堂(清华规定入学年龄为15岁)留美预备班。1917年初,吴宓赴美留学,先在弗吉尼亚大学学习,后进入哈佛大学研究生院比较文学系,跟从欧文·白璧德教授学习。白璧德曾就学于哈佛大学,早在1894年起就在哈佛大学教授比较文学,同时还领导着美国的新人文主义批评运动。吴宓受他的影响,开始以西方现代文学理论为基础将中西文学作品进行比较研究,以此分析中国文学作品。

由于俞大维的父亲曾帮助过吴建常,吴宓对其心存感激,因此对于同样在哈佛留学的俞大维就格外亲近。加上二人都比较喜欢学习,可谓志同道合,很快他们就成了朋友。

在平时的交谈中,俞大维经常将陈寅恪挂在嘴边,且时时夸赞其博学,称其为通识之才,这让吴宓对陈寅恪满怀好奇之心,充满了结交之情。1919年2月,经俞大维介绍,吴宓终于得以和仰慕已久的陈寅恪相识,从此二人开始了持续半个世纪的"金石之交""生死之交"。

因为志趣相投，陈、吴二人初次见面就谈得格外投机。交谈中，吴宓深深折服于陈寅恪的才学和见解，尤其是他关于中西政治、社会的见解，触动了经历了家族动乱和艰辛的吴宓的内心。而吴宓从比较文学的角度对中国文学作品的分析，也让习惯从比较分析的角度学习的陈寅恪受到启发。二人由此经常在一起讨论，时不时地相互诗词唱和，并互相传观彼此的诗作，互相点评雅正。

陈寅恪知道吴宓有极高的文学鉴赏能力，因此每有新作，几乎都会先让吴宓品味。不过，每当吴宓阅看后，他又会马上将作品撕成碎片，并不抄录保存。所幸吴宓记忆力惊人，兼有写日记的习惯，就将陈寅恪的一些手稿写进自己的日记中。多年后，这些日记和诗作得以让人们获知陈寅恪留美生活的一个侧面，看到其风趣、幽默的个性。比如，下面这首诗《影潭先生避暑居威尔士雷湖上戏作小诗藉博一粲》就是写于1919年，记录于吴宓日记中的。

>五月清阴似晚春，丛芦高柳易瞳晨。
>少回词客哀时意，来对神仙写韵人。
>赤县云遮非往日，绿窗花好是闲身。
>频年心事秋星识，几照湖波换笑颦。

当初，吴宓运用开创性的研究方法与视角对小说《红楼梦》提出了新的观点和看法，并在哈佛大学"中国学生会"上进行相关演讲,指出"用西洋小说法程(原理、技术)来衡量,《红楼梦》是一部伟大的小说,世界各国文学中未见其比"。这一观点得到了陈寅恪的赞同。陈寅恪为此赋诗一首赠予吴宓,并在诗中用"青天碧海能留命,赤县黄车更有人"对吴宓的研究成果予以高度肯定。

就这样,二人在哈佛求学期间经常就中西方的文学、历史,中外文化,中西哲学和伦理道德展开讨论。他们还将中国和美国的文化、历史和经济进行比较,一致认为中国要发展,一定要引入西方的科技文化。当然,陈寅恪更加深刻地认识到拯救国家,治理国家,尤其要以精神的学问(就是形而上学)作为根基,即要提高人民的精神文化水平。由此他们将研究中国民族文化、历史文化,振兴、弘扬中华学术与中国文化,定为自己终生奋斗的事业。这也是他们后来学成回国后先后进入大学,走上了教学和学术研究工作之路的原因之一。

在学习讨论之余,陈寅恪和吴宓也会经常或相约参观,或外出散步,或一起吃饭,或相伴购书。陈寅恪喜欢读书,也喜欢购书。据吴宓回忆,当时在哈佛的中国学生中,陈寅恪是读书最多的,其次就是俞大维。这两个人不但读书多,还喜欢买书。陈寅恪对书的态度也影响了吴宓,吴宓因此把每月的生活费的节余部分也用来购书,并买到了一些好书。当然,因为是穷学生,他们二人经常相伴去逛旧书店,但由于陈寅恪和俞大维是旧书店的常客,他们有时能淘到好书。

除了相互探讨学问，陈寅恪和吴宓还会就中西方婚姻观和爱情观展开交流。吴宓具有浪漫主义的人生态度，这就使得他在爱情上一波三折。这时，陈寅恪就成了他倾诉心事的忠实听众。每每听到他道来心事，陈寅恪除了常常会善意地规劝他用心读书，还向他表达自己的爱情观，下面就是吴宓在自己的日记中所记录的陈寅恪关于"爱情的五等论"的一段话：

"（一）情之最上者，世无其人，悬空设想，而甘为之死，如《牡丹亭》之杜丽娘是也。（二）与其人交识有素，而未尝共衾枕者次之，如宝、黛等，及中国未嫁之贞女是也。（三）又次之，则曾一度枕席，而永久纪念不忘，如司棋与潘又安，及中国之寡妇是也。（四）又次之，则为夫妇终身而无外遇者。（五）最下者，随处接合，惟欲是图，而无所谓情矣。"

清华园中携手同行

1921年7月，吴宓在获得文学硕士学位后回国从教。而在当年的9月，陈寅恪也离开哈佛赴德国求学。在此期间，二人一直保持通信联系，吴宓在回国时去上海拜谒了陈寅恪的父亲陈三立，向他汇报陈寅恪在美国的情况，还在此后定期把自己编辑的《学衡》杂志寄给陈寅恪，请对方指教。1925年，吴宓应清华学校校长曹云祥之邀到清华任教并受命开始筹建国学研究院后，马上向曹云祥校长推荐陈寅恪任国学研究院导师，并写信向陈寅恪介绍有关情况。

于吴宓而言，让陈寅恪到清华学校任教，于公可以让清华国学研究院多一名博学多才的教授，于私可以让二人相聚，友情得以延续，让老友毕生所学能有用武之地，实现其精神救国的志向。于陈寅恪而言，赴清华国学院任教，一方面可以将自己所学用于培养人才，实现自己精神救国的梦想，另一方面那里有自己信任的朋友。在这期间，吴宓做了大量工作，称其不遗余力、费尽心机也毫不过分。其中的详情，笔者在此概述一二。

吴宓在陈寅恪上任之前，为其考虑得面面俱到，说事无巨细也毫不夸张。比如，考虑到陈寅恪的经济捉襟见肘，吴宓亲自向校长曹云祥请求为其预支4 000元的薪资，还在获准后亲自办理现金支取、美金兑换乃至支票邮寄事宜。在陈寅恪回国前夕，他还亲自确认陈寅恪的居所安排事项。陈寅恪甫一回国就因父病暨母兄葬事请了一年的假，其中吴宓为其向校方说情。可以说，陈寅恪在进入清华国学院任教之前，吴宓帮助了他很多。

1926年7月，休假一年的陈寅恪抵达北京就职，下榻新宾旅馆。好友吴宓更是马上乘坐人力车去宾馆拜访他，并将当时清华国学院的情况详细地向他介绍了一番，之后还请陈寅恪到饭馆吃了晚餐。在时隔多年之后，二人再聚首，喜悦之情自不必言，吴宓为此特意赋诗一首，其中"经年瀛海盼音尘，握手犹思异国春"一句可谓将老友相聚多年后的喜悦之情淋漓尽致地表达了出来。第二天，吴宓到达宾馆和陈寅恪一起乘坐汽车到清华，中午的时候还陪着陈寅恪吃午餐。此后为了让陈寅恪尽快熟悉清华的环境，吴宓为其做导游，陪他参观国学院、图书馆，游览校区；为了让陈寅恪熟悉同事，吴宓陪同陈寅恪拜访了曹云祥校长、梅贻琦教务长、王国维、赵元任等同事并介绍陈寅恪与史学家陈垣认识。在陈寅恪第一次登上讲台授课时，吴宓更是亲到教室听课助阵，看到老友展现出了教学魅力，并以渊博的学识赢了学生的爱戴，他更是发自内心地为其高兴。在生活中，考虑到陈寅恪是单身汉，吴宓经常邀请好友到家中宴饮、赏花，送去家人的温暖。当然，陈寅恪也对吴宓非常关心和支持。当他人议论吴宓离婚一事时，陈寅恪则公开表示这是吴宓个人的问题，其中的厉害只有他本人清楚，其他人没有必要非议；在吴宓担任《学衡》杂志和天津《大公报》的文学副刊主编期间，他就劝勉老友专心读书著作，不要被杂事所困扰，以诤友的身份给予相应的提醒。

陈、吴二人，除了在学术和生活中互相帮扶，更是在共同的志向中携手同行。陈寅恪在清华国学院任教期间，吴宓几乎逢课必听，像学生一样倾听老友讲课，听到精彩处也和学生一起拍案称绝。1927年6月，遭受多重打击的王国维选择结束了自己的生命，陈寅恪和吴宓在处理完王国维的后事后，两人商议，做出不加入国民党，保全个人思想精神之自由的决定。从此之后，二人诗文唱还，谈艺论学，互相激励，把研究中国的民族文化、历史文化,振兴、弘扬中华学术与中国文化,作为自己终生奋斗的事业,并终身一以贯之。

这种从学问到思想的携手同行,仅凭同窗之谊是无法做到的,最主要的原因在于二人的友情,做到了"人之相知,贵相知心"。

相扶相持,患难与共

陈、吴二人的友情,不仅体现在得意时的相知,还体现在患难时的相扶。无论是清华园中的风风雨雨,还是西南联大的艰苦岁月,都无言地述说着这一切,见证着他们的莫逆之情。

1933年,陈寅恪获悉吴宓因其参与创办《学衡》杂志及《大公报》文学副刊遭受挫折而伤心难过,就特意拿着一本《艺芳杂志》去看望他。二人相见后,吴宓将自己的满腹牢骚向对方倾吐,陈寅恪不但做忠实的听众,还巧妙地借曾国藩的曾孙女曾宝荪和堂弟曾约农在长沙创办艺芳女校的曲折经历激励劝慰老友。而吴宓在吐出胸中块垒,阅读了《艺芳杂志》后,果然从中受到激励和鼓舞,重新振作起来。也是在这一年,陈寅恪因为在清华国学院用对对子作为考试的试题,从而遭到一些人的攻讦,吴宓给予了老友有力的支持。当内敛低调、专心于学问的陈寅恪一反常态地发表了《与刘文典论国文试题书》,应对他人关于此事的非议时,吴宓除了公开说此文是研究中国文学的人一定要读一读的,还将此文在《学衡》杂志上公开发表，以表明自己对老友的支持。

这种你来我往、推心置腹的相扶相持，为二人的友谊进一步打下坚实的基础，二人之间的友谊，成为各自人生中难忘的美好时光。

抗战烽烟四起，北平沦陷后，陈寅恪和吴宓随西南联大南迁到了昆明。在这个四季如春的城市，他们更是在相扶相待中度过了一段苦中作乐的时光。陈、吴二人更是利用一切的机会相聚。当时吴宓住在昆明城外，陈寅恪住在昆明城内，吴宓每次进城都一定会去看陈寅恪。陈寅恪因为夫人唐筼避难香港，中间曾几次来往香港，每次吴宓都会为其饯行，且必定有诗有酒。在陈寅恪离开期间，吴宓时刻惦念着老友的安全。

国立西南联合大学校门

1943年，陈寅恪携家人移居成都，吴宓在次年也来到成都。他到成都的第二天就去看望想念已久的老友、兄长，二人论诗品茗，交流学术与思想。1944年12月，陈寅恪因病住院，在他住院期间，吴宓几乎天天去医院看望、陪伴。1945年元旦当天，吴宓起床做的第一件事就是去医院看陈寅恪。陈寅恪出院后，吴宓也时常到他家探望、谈心，并为他读报、录诗，对陈寅恪的照顾可谓无微不至。新中国成立后，吴宓在西南师范学院任教，陈寅恪在中山大学任教，二人虽然天各一方，但书信往来不断，互相关注着对方，惦念着对方。

1950年9月，陈寅恪致函吴宓，告诉他自己的《元白诗笺证稿》一书就要出版，到时会寄给他一本，请他指正。此后，吴宓尽管一直想南下探望陈寅恪，但由于种种原因，一直没能成行。直到1961年30日子夜，分别十余年的二人才得以在广州相见。当时，陈寅恪获悉这个消息，欣喜若狂，不但请夫人代笔回信表示热烈欢迎，还详细告知到广州应该注意的事项，包括怎样选择到中山大学的路线、需要花多少车费、饮食住宿等相关情况，可谓事无巨细。除此之外，他还派女儿、女婿到车站迎接，自己则在家中一直坐等到半夜。他的期盼之情由此可见一斑。

当时正值三年困难时期，但陈寅恪和夫人唐筼不但尽其所能地置办丰盛的家宴款待吴宓，还多次到吴宓的住地送食物。也是在这宝贵的五天中，陈、吴二人倾心畅谈，就学术问题展开深入的恳谈，但字字句句充溢着真挚的情感，似有道不尽的深情。但相聚的时间很短，9月4日，吴宓辞别老友而去，陈寅恪以《赠吴雨僧》诗相送，其中"暮年一晤非容易，应作生离死别看"两句似表达他们二人风雷难动的友谊，也似奏起二人天人永隔的悲歌。

此后，由于历史原因，二人处境都非常艰难，更不要说相聚了。既使是在这样的情况下，吴宓仍惦念着好友。他独卧病榻时一直牵挂着陈寅恪，甚至回忆背诵老友陈寅恪的诗文成了他晚年的心灵慰藉之一。1971年9月8日，吴宓按捺不住对老友的想念之情，向广州中山大学革命委员会发去信函，询问陈寅恪一家的情况。然而此时陈氏夫妇去世已经近两年了。

吴宓是史学大师陈寅恪历经青年、中年和老年的挚友，二人之间的友情延续，不同于俗世的酒肉宴饮，更多的是聚谈、诗文唱和及书信来往。二人视对方为知己，共同铸造了"伯牙子期"的一段佳话。吴宓可以说是陈寅恪结交时间最早、相交时间最长、感情最深、始终不渝的朋友，他们的友谊让人感动和赞叹。

二、傅斯年：最干净的友情

如果说吴宓是陈寅恪的莫逆之交，那么傅斯年则是陈寅恪结交的官员之中交情最深、相交时间最长的学术上的朋友。这段友情始于德国的同窗之情。

柏林共读

1926年11月,清华园内秋意正越来越浓,陈寅恪也已经在清华执教近半年,成为清华校园影响极大的"四大导师"之一。此时,清华园的人事经历了一番变更,吴宓已经辞去研究院主任一职,改任清华外国语言文学教授,新任教务长梅贻琦兼任研究院事务。清华园正在走向它的巅峰时代,即将改制为清华大学。为了扩充教师队伍,提升清华在学界的影响力,研究院拟引进一位重量级人物任中国文史教授。当梅贻琦找到陈寅恪,请他推荐合适的人才时,一个人的面容闪现在他脑海中——傅斯年。

傅斯年,字孟真,1896年出生于山东聊城一个没落的名门望族、书香世家。其先祖傅以渐是清代顺治年间的首任状元。曾祖父傅继勋是道光年间的重臣,李鸿章、丁宝桢是其门生。祖父傅淦文武兼备,是"大刀王五"的

傅斯年

老师。可以说，傅氏一门家族兴旺，历代显赫。傅斯年在祖父傅淦的言传身教下，从小聪颖好学，长大后更是熟读儒家经典，被称为"黄河流域第一才子"。1913年，傅斯年就考取了北京大学预科，此后四年更是在班级考试中连连夺魁。在北大读书期间，他与同为世家子弟的陈登恪特别相契。在陈登恪的介绍下，傅斯年认识了在德国、瑞士、法国等地游学回国的陈寅恪，并被对方的学问与见识折服，而陈寅恪也对这位弟弟的同学颇有好感。或许在此时，友谊的种子已经在双方的心中种下，只待合适的时机生根发芽。

傅斯年是一个"另类"文人。说他"另类"，是因为他一方面具备了文人的儒雅清高，学识渊博，心高气傲；另一方面，他受其祖父的影响，又具备了武人的耿直豪爽，不但外形像——体态壮（因此朋友戏称他为"傅胖子"），脾性也像——说话直接，为人率性，这些特点，也使得他的人生多了几番曲折。

1918年，傅斯年和好友罗家伦追随陈独秀、胡适等人的脚步，学习他们主编的《新青年》，创办了新潮文学社和《新潮》杂志，提倡新思想和新文学。此举虽然让他获得了众多新青年的追捧，但是也遭到了许多老儒生的反对和抵制。在1919年爆发的五四运动中，持激进的新思想的傅斯年更是成为学生游行队伍的总指挥。

当五四运动的学潮渐息，傅斯年也从北大毕业返乡休整。1919年秋天，山东省教育厅招考本省籍官费留学生，傅斯年以山东省第二名的优异成绩入选。但由于他是五四运动的"激进分子"，当权者将他认定为"凶恶多端的学生示威活动的头头""不是循规蹈矩的学生",拒绝录取他。这对傅斯年来说,无异于晴天霹雳。傅斯年无法接受这个结果,为此到处奔走,利用一切力量维护自己的利益,争取这个机会。最终,由于一些正直官员为他鸣不平,傅斯年得以获得出国留学的机会。1919年冬天,带着解除自己久积于心的无数困惑和探求真理的愿望,傅斯年从上海乘船前往英国,开启他的欧洲留学之旅,也就此开启了他的人生新篇章。

傅斯年到达英国后,先入英国爱丁堡大学,后转入伦敦大学研究院,研究学习实验心理学、物理学、数学、生理学等,想踏踏实实地真正做学问。当然,在学习期间,他还广泛涉猎英国的文学、历史、政治、哲学等著作,甚至还将萧伯纳的戏剧作品都看了一遍。这使得他形成了看待事物的独特观点和视角,培养了开阔的视野和先进的思想。当然也为他后来成就一番事业打下扎实的基础。

1923年,傅斯年结束伦敦大学的学习生活,带着满满的收获及更多的困惑和思考,转入德国柏林大学,开始新的求学生涯。而这时陈寅恪正在这里师从吕德斯教授主修梵文、巴利文。

实际上,当时傅斯年选择到柏林大学是因为德国在近代物理学上的成就为世界瞩目,这对于渴望在自然科学领域有所作为的傅斯年有着极大的吸引力。但是到了德国后,傅斯年与陈寅恪相遇,使得他将兴趣转到语言文字比较考据上,最终选择进入柏林大学哲学院攻读比较语言学和史学。

同样家学渊源、同样才华横溢的陈、傅二人因为治学志向相同，特别谈得来。二人的交流，不仅限于文字，甚至延伸到心灵层面，这使得他们成为同路人。尽管对于二人的交流没有详细的文字记载，但据他们留下的笔记和修课记录可知，陈、傅二人共同跟随吕德斯教授学习梵文，傅斯年也和陈寅恪一样阅读了大量西方学者关于东方学的书籍。甚至在学习方法上，傅斯年也受陈寅恪的影响极深。比如，陈寅恪认为读书应先识字，因此要研究历史学，特别是东方学，一定要读得懂东方的文字，这些文字包括现存的、已逝的，唯其如此方能获知历史的本源和真相。傅斯年受他的影响，也大量学习和研究东方文字。

除了学习，陈寅恪还在生活中给予傅斯年等中国留学生一定的帮助。由于国内军阀混战不断，山东省政府的官费筹措陷入困境，无法及时汇寄给在海外的山东籍留学生。傅斯年因经济来源中断，生活陷入窘境，不得不向朋友筹借。这其中就包括即将回国的陈寅恪。

"花落时节"再逢君

1926年秋，傅斯年结束七年的留学生活从德国回国。此时的傅斯年内心是茫然的，不知何去何从。原因就是他原本回北大任教之事发生了变故。

实际上，作为北大的才子，傅斯年回北大任教是顺理成章之事。早在1922年,傅斯年就接到了时任北大教务长的蒋梦麟递出的橄榄枝。当时蒋梦麟到欧洲考察,与在伦敦留学的傅斯年进行了深入交谈,并由此认定傅斯年是少有的通才与天才。除此之外,他还认为傅斯年能见人所不能见,道人所不能道,具备洞察世事的能力。蒋梦麟离开英国去德国考察时,傅斯年专门给他写信,提醒他在德、奥、法、意各国考察时要关注两个问题:一是各国大学的行政制度,二是各国大学的学术重心和学生的训练。蒋梦麟由此不仅感叹于傅斯年的才华,还惊叹于他对事物的洞察能力和处事能力。于是当1923年蒋梦麟接手北大校长之职时,他就与已经进入德国柏林大学攻读的傅斯年频繁通信,交流讨论。加之傅斯年的老师胡适对自己的这位得意弟子又十分关注,因此傅斯年回北大任教似乎已毫无悬念。

然而,就在他回国这一年,乱象横生的中国更加混乱,北大也不可避免地被卷入其中。1926年3月18日,北京高校学生针对日本军队炮击天津大沽口炮台一事,组织示威游行,向段祺瑞政府请愿。示威师生遭到枪击和暴力殴打,由此酿成"三一八"惨案。北大教授为了躲避迫害,一些人离京谋职,一些人韬光养晦,余下的人也多方自保,蒋梦麟也离京,整个北大呈现"散场"的凋零状态。在这样的情况下,傅斯年的北大任教之事自然也没了下文。

心急如焚的傅斯年给正在清华执教的陈寅恪修书一封,倾诉自己当下的窘境以及对未来的茫然。陈寅恪接到信后积极为他活动,寻找机会。当清华教务长梅贻琦主动向陈寅恪询问关于聘请中国文学教授的事宜时,陈寅恪就向对方推荐了傅斯年,梅贻琦也对傅斯年很感兴趣。然而世事无常,一个人的出现,将陈、傅二人的重逢推迟了两年。这个人就是朱家骅。

朱家骅毕业于上海同济德文医学校(同济大学前身),两次留学德国,1924年回国后在北京大学任地质学教授兼德文组主任。"三一八"惨案后,他被段祺瑞政府通缉,随戴季陶赴广东,同年7月任国立广东大学地质系教授兼系主任。10月任广东中山大学委员会委员并代理委员长。不久,他在主持校务工作,奉命改组学校时,为了充实改组后的文学院的师资力量,需要物色一位知名学者来主持国文系和史学系的工作,此时傅斯年的名字出现在他的脑海中。实际上,1917年傅斯年在北大读国文时,朱家骅恰好从德国留学归国在北大执教德文,北大教授沈尹默曾对他谈起过傅斯年。就这样,兼具史学和文学素养且已经回国的傅斯年就成

朱家骅

为他理想的对象。这就是傅斯年刚回国就收到聘书的原因。

朱家骅的雪中送炭之举，让不知何去何从的傅斯年极为感动。此后，他将感动化为行动，仅回山东聊城老家短暂地探望母亲后，就于1926年冬赴中山大学，次年任中山大学教授，文学院长，兼任中文学、史学两系主任。

傅斯年到中山大学后，和朱家骅一见如故，颇有相见恨晚之感。两人在学术见解和治校方略上观点一致，傅斯年就此成为朱家骅处理校务上的好助手。他凭着自己的才华、胆识和豪爽，大展拳脚，为中山大学聘请了不少当时的学界名流和教授，使得中山大学声名鹊起，吸引了全国学术界人士的目光。

1928年，傅斯年受蔡元培先生之聘，筹立中央研究院历史语言研究所，10月22日，中央研究院历史语言研究所在广州东山柏园正式成立，傅斯年受聘成为该所所长，从此全心投入开辟史学新天地中。1929年，由于顾颉刚辞职，中央研究院历史语言研究所急需一位具备扛鼎能力的人才。于是所长傅斯年就将目光投向了此时在清华国学研究院任职的陈寅恪和赵元任身上。就这样，陈、傅二人在两年后得以合作。

实际上，傅斯年找到陈寅恪时，陈寅恪正因为清华国学研究院的风雨飘摇而处于内心苦闷之际。一方面，"四大导师"之一的王国维跳湖自杀，梁启超又因病于1929年1月19日辞世。此时的研究院，虽然还有陈寅恪和赵元任"两大导师"，但赵元任经常外出，或调查,或讲学,研究院的事务仅靠陈寅恪一人勉强支撑。虽然研究院只有十几个学生,但日常事务并不能削减,于是从指导研究生、指挥助教,到安排学生离校、回应学生的问题,凡此种种都落在了陈寅恪一人身上,其中的辛苦和劳碌无需言表。

就在清华国学研究院风雨飘摇,陈寅恪独木难支之际,先是向陈寅恪、赵元任二人抛出橄榄枝,诚挚邀请二人加盟中央研究院历史语言研究所,分别任历史组主

清华四大导师

任、语言组主任,继而聘李济加入其中,担任研究所考古组的主任。1929年春末,史语所由广州搬至北平静心斋办公。就这样,陈、傅二人于北平再度重逢。这一年,陈寅恪39岁,傅斯年33岁。

共护国宝

陈寅恪此前虽然考虑到清华国学研究院际已经出现颓势,基于对历史语言研究事业的热爱,以及对未来的憧憬,于是接受了傅斯年的邀请,但他对清华园的感情,使得他并没在清华国学研究院

解体后马上赴邀就任,而是转做清华大学中文、历史两系合聘的教授,同时负责史语所的工作。直到内阁大库档案的发现,陈、傅二人终在北平相聚。

所谓内阁大库档案,是指清以来内阁大库中的档案资料。后来,由于清政府无力修复,加之档案数量逐年增加,内阁库房逐渐无法容纳这些档案资料。光绪二十五年(1899年),负责此项管理工作的官员看到大库将倾,破败不堪,以为保存这些东西实在没有意义,干脆将内存朱批红本4 500多捆,大约30万件档案拉到城郊付之一炬。后来,经内阁大学士张之洞的努力,京师图书馆得以设立,内阁大库200多万件档案和部分试卷幸免于难,保存了下来。清政府垮台后,大约8 000麻袋的珍贵文件被保存在国立历史博物馆筹备处。

1921年,博物馆筹备处的某处长竟然以4 000元的价格,将这些被役工偷盗换钱后余下的约十五万斤的珍贵文档私下卖给北京同懋增纸店。次年2月,甲骨文研究大师罗振玉偶然在市面上发现部分出自清内阁大库的明代档案,经过一番调查,才以1.3万元的高价购回余下的7 000多袋档案。此后,罗振玉和王国维组织一批人对这些档案进行整理,汇编出《史料丛刊初编》十册,陆续印行。然而,档案的整理工作任重道远,继王国维自杀,罗振玉也失去了经济来源,无法继续研究工作。就在这批珍贵的内阁档案即将落入日本人手中之时,大收藏家李盛铎以1.6万元的价格购入其中的大部分档案,余下的一小部分档案被北大国学研究所收购,另一小部分档案则被罗振玉移交给奉天图书馆。

随着国内军阀混战，时局动荡不安，李盛铎也因为财力出现问题，产生了将手中的档案出手的念头。北大教授马衡遂写信给傅斯年，希望他可以想办法买下来。但由于价格太高，傅斯年也无能为力。一直关注此事的陈寅恪认为一旦国史落入洋人手中，那就是一国之耻，因此为了不让这批珍贵的档案落入外国人手中，陈寅恪极力主张中国研究机构将其留下。为此，陈寅恪一方面写信给傅斯年，言明此事的重要性，另一方面想借傅斯年到北京办事的机会，劝他说服中央研究院院长蔡元培拨款购回这批国宝。这件事最终取得了蔡元培的支持。傅斯年一得到确定的消息，就上电告陈寅恪，陈寅恪则马上和李盛铎联系收购的事宜。李盛铎给出了3万元的报价，陈寅恪和在北平代表政府主持这件事的李宗侗一起，反复和李盛铎协商，向其晓以民族大义，与之讨价还价。这7 000麻袋国宝最终被中央研究院史语所购入。其中一半的内阁大库档案被运到北平北海静心斋——中央研究院史语所在北平的地址。这些档案资料成为中央研究院史语所成立以来的第一笔宝贵的史料和学术研究资源。

当时，已经随着史语所搬回北平办公的傅斯年，上下斡旋，多方协调。陈寅恪更是在此期间与其就款项的交割、档案的运送等问题频频沟通。因此可以说，这些珍贵的国宝能不落入外国人手中，陈、傅二人的联手合作起到了至关重要的作用。中央研究院史语所也因此名声大噪,此后在所长傅斯年的经营管理下,其不断强大,就连北大、清华的文学院都难以望其项背。

随着中央研究院史语所从广州迁到北平,相当多的工作人员由于生活所迫纷纷到高校兼职,以至于人心涣散。傅斯年当机立断,要求专职研究员必须在所里办公,不得在外兼职搞副业。此举也影响到了陈寅恪——他当时兼职负责清华的中文、历史教学工作,于是陈寅恪公开表示反对。两个多年好友因此发生了分歧。不过,这种分歧并不影响他们的友谊。

傅斯年为陈寅恪开了"绿灯",同意他在清华兼职,不过同时也要求住在清华园的陈寅恪搬到北平城内居住,最少也要每周在北平城内住几天,以方便整理内阁档案。陈寅恪也投桃报李地按傅斯年的要求改住到北平城内,为此专门在北平城内租了一处四合院。从此之后,陈寅恪奔波于两地之间,且将大部分时间和精力投入内阁档案的整理中。1929年9月,"历史语言研究所明清史料编刊会"在傅斯年和陈寅恪等的筹划下成立。身为史语所历史研究员和主任的陈寅恪,当仁不让地成为中坚力量,承担起主要的工作,傅斯年则为其处理好一些琐碎的事情,扫清其工作的障碍。有了傅斯年的协助,陈寅恪度过了一生中在生活上、精神上和学术上最为愉悦的时光。

1931年"九一八"事变后,北平日渐危急。1933年,史语所应中央研究院总办事处的指令,迁往上海。陈寅恪对清华园保有深厚情感,因此他做出了留在北平,改做史语所的兼职人员的决定。就此，他和共同工作了四年的史语所同人分别，也和好友傅斯年再次分别。直至五年后，他们才在硝烟弥漫的昆明相聚。

同舟共济过难关

1937年卢沟桥事变后，北平、天津先后沦陷，为了保护文化界的精英人士，1937年9月开始，北大、清华、南开三校的教职员工和师生开始辗转奔赴长沙，中国现代史上最为悲壮的知识分子南渡开始了。陈寅恪和众多高校师生一起，踏上了流亡之路。

1937年9月14日，陈三立老人在陈寅恪位于北平的家中病逝。陈寅恪不愿做汉奸，做出有辱人格和民族气节的事情，最终决定离开北平。国仇、家恨，使得他急火攻心，视力急剧下降。尽管医生让他及时入院治疗，但他几经思考后，还是决定在最短的时间内赶到清华大学南迁后的学校。为了避免在路上被日伪军识破身份，陈寅恪乔装成生意人，并要求孩子们将沿途和目的地的有关地址和人名背下来，以免中途失散。11月3日陈寅恪携妻女悄然离开北平，开始了奔赴长沙的逃亡之旅。11月20号，经历了颇多波折和艰辛的陈氏一家终于到达长沙，借住到一位亲戚家。就在陈寅恪一家逃离北平的同时，傅斯年正以总干事的身份，忙于主持中央研究院办事处的日常工作。

1938年2月，位于长沙的临时大学依据中华民国教育部的批准，南迁昆明，另行组建国立西南联合大学。陈寅恪一家选择水路，即从广州、香港坐船从越南海防到昆明。他们离开长沙的时候,已经是霜冻时节。1938年初,当陈氏一家从虎门抵达香港时,陈夫人唐筼心脏病突发,小女儿陈美延感染百日咳,高烧不止,咳嗽不断。无奈之下,一家人不得不在香港暂住下来,并在此度过了逃难以来的第一个春节。春节过后,陈寅恪急于赶往西南联大授课,不得不将妻女留在香港,孤身一人前往位于云南蒙自的西南联大文学院。1938年秋,陈寅恪又从蒙自抵达昆明,居住在中央研究院史语所租赁的靛花巷青园学舍楼三楼。这也是他和史语所同人分别四年多后的首次相聚。不久,陈寅恪就兼任了北大文科研究所历史组导师一职,每天忙着备课上课,极其忙碌。不过于他而言,这种埋头教书和做学问的生活却是难得的安稳。

1938年9月28日,日军开始对昆明实施大轰炸。昆明城人心惶惶,学生无心向学,教师无心授课。在这样的情况下,中央研究院史语所为了保存所携带的古物、资料和书籍,决定迁往昆明城外十几里外的响应寺。傅斯年就在此时来到了昆明,居住在靛花巷青园学舍楼一楼。二人又开始了同舟共济过难关的日子。

当时日军飞机对昆明城轮番轰炸,傅斯年就让人在学舍楼的前面挖了一个大坑,上面盖上木板,充当防空洞。住在三楼的陈寅恪为此还专门写了"见机而作,入土为安"的对联调侃他。当然,无论如何调侃,每逢日军飞机来袭时,大家还是躲到这个防空洞里,以求"入土为安"。陈寅恪此时不但身体虚弱,而且右眼已经失明,左眼的视力也极差,行动极其不便。于是每当防空警报响起时,患有高血压和心脏病的傅斯年就会拖着肥胖的身体,奔上三楼,将陈寅恪小心地搀扶下楼,送入防空洞。此举也成为当时昆明学界的一段佳话。

在昆明期间,陈寅恪以其学识获得了大家的尊重,傅斯年则凭着卓越的管理能力受到史语所众人的拥戴。就这样,在陈氏的学识、傅氏的管理,以及其他同事、学生的密切合作和共同努力下,史语所成为中国史学研究的重地。多年后,原史语所研究员、著名汉简研究专家劳榦回忆起这段时光时,指出傅斯年主持的史语所和北京大学文科研究所,是当时历史研究的中心,尤其是陈寅恪在历史语言研究所对有关历史的研究采用了历史学中最先进、严谨的方法,这对当时的历史研究产生了深远的影响。

1940年,陈寅恪从昆明到香港准备赴英国讲学。然而由于时局的关系,这次讲学要延期一年。就在陈寅恪打算孤身返回昆明的时候,由于滇

許地山

越交通中断,他不得不滞留香港。福不双至,祸不单行,此时夫人唐篔除心脏病外又患了子宫病,走投无路之际,陈寅恪写信给傅斯年,一面请他及时将史语所和西南联大迁地的消息告诉他,一面在许地山的帮助下在香港大学暂时寻找到客座教授的工作,以赚得微薄薪金维持一家的生计。

1941年初,中央研究院史语所迁往四川南溪李庄,傅斯年马上将这个消息写信告知陈寅恪,同时通知他西南联大也会迁到四川,如果陈寅恪一家在香港实在不能支撑下去,就从香港到四川李庄,担任史语所研究员和历史组主任的职务。然而,此时的陈家一贫如洗,甚至都拿不出去李庄的费用。几乎陷入绝境的陈寅恪写信给傅斯年,在信中言明家中的情况,并请他为自己借钱,作为搬家的费用。傅斯年接到信后,想方设法为陈寅恪筹集费用,但是奔波了很久也没能筹措到。最终,他从北大文科研究所借支3 000元钱以解燃眉之急,但是由于日军截断了通往桂林的路,钱无法汇到陈寅恪手中。而此时在香港的陈寅恪也由于唯一的朋友和支持者许地山的去世,其生活陷入水深火热之中。

就在陈寅恪一家困于香港之时,珍珠港事件爆发,日军攻陷香港。消息传来,傅斯年为陈氏一家的命运忧心忡忡,不惜拖着病体连续拍电报,请求中英庚款负责人设法营救。同时,重庆国民政府也派出飞机到香港接应,抢运战前滞留于那里的政府要员和著名的文化教育界人士。被傅斯年誉为"三百年仅此一人"的"教授中的教授"陈寅恪自然也处于被"抢救"之列。然而,当陈氏一家匆忙赶到机场时,却被孔祥熙的夫人宋霭龄及其女儿、随从和保镖无情地挡在了外面。

当重庆《大公报》、昆明《朝报》先后对孔氏一家霸占飞机的恶行进行抨击后,西南联大的师生沸腾起来,尤其是当他们获知陈寅恪先生因此而没能返回时,都认为陈寅恪在劫难逃,因此悲愤交加,举行了示威游行。傅斯年从在李庄的李济、梁思成、林徽因等同事那里,获知陈寅恪"遇难"的消息后,大惊失色,急忙急电重庆中央研究院总办事处询问实情。当从重庆方面的回电中也得到相同的消息后,傅斯年义愤填膺,暴跳如雷,直呼要"杀'飞狗院长'孔祥熙以谢天下"。

1942年5月5日,陈寅恪为了避免被日伪汉奸强行利用,决定冒死逃离香港。经过一番秘密筹划,他利用借到的数百港元,买了一艘船取道广州湾,九死一生地返回了内地,再经过艰苦跋涉于当年6月抵达桂林,被中研院物理研究所所长丁西林专程派的车接到物理研究所暂住。九死一生的经历,使得本就体弱的陈氏夫妻的身体状况更加差了,无奈之下,他们只好打消了到四川李庄历史语言研究所的念头。随后,他在写给傅斯年的信中,表达了自己心有余而力不足的无奈之情。傅斯年则在收到这一消息后,修书一封,督促陈寅恪尽快到李庄。陈寅恪担心因为自己的事情,引发傅斯年和相关人士的误会,更是表明自己只是暂时留在桂林,而不是要在桂林任职的想法。由此可见二人友情之深厚。

此后,傅斯年在全力经营史语所,指导中央研究院各项工作的同时,时刻牢记着陈寅恪尚在桂林,多次去信劝他来四川李庄和自己共襄大业。然而,此时的陈寅恪贫病交加,无法前往。在1943年1月20日给傅斯年的信中,陈寅恪指出自己当下的窘境,即自己得的是穷病,必须吃补品,但又没钱,家中甚至靠变卖衣物为生。就在陈寅恪过着靠卖衣补贴日用的生活时,傅斯年也不好过,他开始了卖书度日的生活。傅斯年和陈寅恪一样嗜书如命,但在生存危机下,他不得不忍痛卖书,以解决自己家的燃眉之急,以救济史语所的下属朋友。甚至为了获得援手,一向高傲的傅斯年不得不与当地的官员斡旋交涉。他曾对史语所青年学者们说,自己是从少年突然进入老年的。陈寅恪也在写给他的信中说自己近日也发现头顶的一大丛头发变白了,当他日二人相见,可以互相比一比谁的白头发长得多。老友之间就这样互相慰藉,嬉笑调侃,互相鼓励。

贫病交加下,一向对陈寅恪关照有加的傅斯年,尚自顾不暇,更没精力帮助陈寅恪了。于是当陈寅恪迫于形势,不得不举家从桂林迁往重庆,几番比较后,最终接受了在成都的燕京大学的聘书,希望可以缓解家中的困难。

自此,陈、傅二人相扶相持、共同治学的岁月再也不复存在。在此后的岁月中,二人除了偶有见面,主要是书信往来,在信中交流讨论,哪怕是陈寅恪双目失明后,他还请夫人唐筼代笔,频繁地与傅斯年通信。

1949年1月19日，傅斯年搭乘军机飞去台湾。1950年12月20日，傅斯年因脑溢血猝发而去逝。在广州的陈寅恪听到这个消息后，写下一首《望海诗》：

> 不生不死最堪伤，犹说扶余海外王。
> 同入兴亡烦恼梦，霜红一枕已沧桑。

"不生不死"表达了他在得知傅的死讯后的感伤。这首韵味深长的诗，为两人二十多年的友谊画上了句号。从此之后，"故人长绝"。

三、冼玉清：素颜知己

人们常用"红颜知己"来指那些在精神上独立、灵魂上平等，并能够达成深刻共鸣的女性朋友，但于国学大师陈寅恪而言，女博学家冼玉清却可以称为他的素颜知己。二人相识即相知，一直维持着真正纯真的友情。

岭南第一才女

在广东西樵山，除了有康有为和黄飞鸿一文一武两位耳熟能详的人物，还有一位被誉为"千百年来岭南巾帼无人能出其右"的"不栉进士""岭南才女"，她就是冼玉清。

冼玉清（1895年—1965年），1895年1月10日出生于澳门的一个富有之家，幼年时居住在澳门，后移居香港。广东西樵山是她的祖籍。当年，冼玉清的祖父因战乱携家人从这里逃到澳门。

冼玉清的父亲冼藻扬15岁就辍学跟从族人来往于钦州、廉州、高州、雷州一带经商，到冼玉清出生时，已经创下一番家业，且以乐善好施而成为当时的知名大绅。1928年，冼父将自己的三所商店送给澳门镜湖医院，后来又将自己的四间房屋送给澳门同善堂，为的是贫寒人可以获得相应的医药费。但他自己却穿简陋的衣服，吃粗食。母亲刘氏出身贫寒，为人深明大义，通情达理，且尊老爱幼，乐善好施。夫妻二人，一在"前"一在"后"，从言行和心理两方面给子女树立了良好的榜样，为孩子营造了一个自由、美好的家庭空间。冼玉清的远房族父冼宝干做官多年后仍潜心向学，他的学术情怀给少年的冼玉清留下了深刻的印象。

冼父冼母原本就思想开明，加之澳门相对内地而言思想更加开放，因此冼玉清8岁被送到名为林老虎的私塾开蒙，9岁进入澳门启明学校学习，到11岁肄业时，她已经学习了体操、算术、地理、唱歌等科目，这些科目在当时的内地并不多见。1907年，冼玉清被送入灌根学堂学习，师从名士陈子褒。

陈子褒，名知孚，号荣衮，又号耐庵，出身于书香门第，是康有为的弟子。他早年追随老师康有为，还参与了康有为、梁启超在京发起的"公车上书"活动，并加入"保国会"，因此思想比较开明。戊戌变法失败后，康、梁逃亡海外，陈子褒也经上海东渡日本，在日

陈子褒

本著名的儒学家桥本海关的帮助下参观了神户的学校，考察日本小学的教学方法，由此树立了教育救国的目标。回国后，他开始亲自动手编白话教材，积极兴办义学和女校。灌根学堂就是他在澳门荷兰园正街创办的书塾。

1907年，灌根学堂开始招收女学生，第二年，冼玉清就被父亲送到这里，开始接受正规教育。在求学过程中，老师频频提到的后汉气节和宋元之理学激励着冼玉清，弘扬、传导新式教育的理念也埋入她的心中，由此她树立了"以事业为丈夫，以学校为家庭，以学生为儿女；立志终身从事教育，牺牲个人幸福，为人群谋幸福"

的人生目标。

冼玉清跟随陈老师学了六年文史,这为她打下了相当扎实的学术基础。除此之外,她还跟从精画花鸟的李凤廷学习绘画,跟从简朝亮的弟子黄节学诗〔简朝亮和康有为是岭南大儒朱次琦(世称九江先生)的两大弟子〕,其画绘形绘神,见其风骨;其诗"澹雅疏朗,秀骨亭亭,不假雕饰,自饶机趣。"(陈三立语)。名师的教诲,加之天资聪颖,使得她在中国古典文学、书画方面也具备极深的造诣。她所画的兰竹颇具板桥之风。

1916年,才女冼玉清又考入香港的圣士提女校,开始攻读英文。然而生性恬淡的冼玉清不喜欢香港这个花花世界,一次随父母去广州玩,在参观完岭南大学后,她觉得这里才是自己想去的地方,并随之转入岭大附中。两年的中学读完后,冼玉清又在岭南大学古典文学专业攻读了四年,并在1924年以论文《中国诗之艺术》获得学士学位后,凭着优异的成绩留校做了讲师,兼治文史,后又升为副教授。岭南大学并入中山大学后,她仍旧在此执教,担任文学系的教授,兼任岭南大学博物馆馆长一职。

尽管家庭条件优裕,但冼玉清坚持半工半读,几乎不用家里的钱。在岭南大学读书期间,她担任了岭南大学附中的历史、国文教员,著名音乐家冼星海就是在那段时间与她相识,并得到她的指导和帮助的。

个性恬淡,一心向学,痴迷学问,于他人而言艰苦的求学之路,天资聪颖的冼玉清却乐在其中。当一个人具备了天赋的同时又能一心向学,那么其学霸人生的开启就不足为怪了。

冼玉清学霸特质的一个最简单的佐证就是她能凭着仅学了两年的英文基础,在岭南大学用英语为学生讲授"二十四史"。如果说她的中国文学功底得益于名师的教育和引导,那么她的英语程度,和她天姿聪颖又勤奋刻苦密不可分了。

少有文才,且能诗善画,冼玉清被誉为"千百年来岭南巾帼无人能出其右"的"不栉进士""岭南才女",当属实至名归。

轻财重义,醉心学术

冼玉清虽然生于富贵之家,但她对于金钱和名利却看得很淡。于她而言,金钱当服务于人,应该"济人利物",因此她一向过着极简生活,一件棉袍甚至一穿就是二十多年。文学家秦牧先生曾描写过她的衣着:经常穿绿袍、绸衫裤一类的中式服装,且大都是陈旧的,但

图为如今位于中山大学东北区的碧琅玕馆

非常整洁……她有时也往髻上簪一朵鲜花。你和她接近了，会隐约感到她有一点儿封建时代闺秀作家的风范。

冼玉清的生活简朴，还表现在其居住的环境上。冼玉清在岭南大学的住所还是经老师陈子褒的帮助，岭南大学校长钟荣光破例专拨的"九家村"的一所住宅。这所房子是冼玉清的藏书之地，也是她研究学问之地。她为自己的住所起名为碧琅玕馆，自号碧琅玕馆主。从她的家庭背景来看，她完全可以住得更好、更高档，但在她看来，这所平房厅、房、厨、厕、晒洗衣小庭、周绕小园，可谓一一具备，并作诗表达自己对此间房屋的喜爱之情："采此隐逸

冼玉清

花,悠然豁我怀。"

冼玉清的简朴,也表现在其日常的饮食上。据暨南大学教授袁忠仁先生说,冼玉清曾请他吃过一次5角钱一餐的饭。某一年的中秋节,冼玉清邀请学生到家里去赏月,竟然将一块月饼切成了16块,让学生分着吃。这件事在当时也成了别人判定她吝啬的一个依据。

冼玉清只是对自己生活要求极为简朴,对真正有需要的人则极其慷慨。

冼星海是冼玉清在岭南大学附中兼职国文课和历史课时的学生。当时冼星海因为是半工半读在学习,所以极其珍惜学习的机会,上课时总是"目不旁顾,耳不杂听",尤其对文学有着浓厚的兴趣,这使得冼玉清对他格外关注。一次上课时,冼玉清讲完填词的知识,让学生各自定题填一首《如梦令》,冼星海所填的词是《吞恩儿》:"试问春归何处?勾指柳悄残雨。往事那堪题,尽在游丝飞絮。无

冼星海

语！无话！乳燕双双休去。"冼玉清惊叹于学生的才华，不但将这首词作为优秀习作在全班朗读，还将其推荐到岭南大学校刊《南大思潮》上发表。在获知冼星海想去法国留学，但无力支付相关费用后，冼玉清资助了他500元，帮他圆梦。在当时，这可以说是一笔巨款。

1937年全面抗战爆发后，冼玉清曾发动募捐，助力广东抗战。抗美援朝战争爆发后，冼玉清通过学校将一笔数额很大的积蓄捐献给国家，并叮嘱校领导为她保守秘密。1965年，预感到将不久于人世的冼玉清立下了遗嘱，将其绝大部分遗产"捐作社会公益事业"。在之前，在写给广东省委统战部的信中，她说："玉清生性淡泊，除授徒著书之外，无所嗜好，撙节所得，略为整理，现有港币十万元，欲送于国家。……此款是已出之物，如何用途，由你们支配，总要用得适当就好了。但此事只系围内人知道便了，切不可宣传，更不可嘉奖。"加上遗嘱中的四十万港币，冼玉清一共上交给国家五十万港币。在那个年代，这绝对是一个天文数字。

冼玉清，正如她的名字一样，过着如玉般璀璨，如水般清澈的人生，淡泊世事，醉心于学问和教育事业。在岭南大学工作期间，冼玉清热衷于两件事：一是教学，二是研究整理古籍。她凭着自己的学识赢得了学生的尊重，学生尊称她为"冼子"（子，即先生），女同学则因她未婚而称她为"冼姑"。她经常和学生谈诗论文，是学生慈母式的导师。曾昭璇先生回忆自己在岭南大学当助教时，不但自己经常拿一些文史问题请教冼玉清先生，而且还约同学带着问题到先生家中请教，冼玉清先生无问不答，尽显慈母情怀和其深厚的文史底蕴。教书育人的工作之余，冼玉清埋头于学术研究，尤其是广东文献的整理研究。她把个体生命和文化使命完全融合在一起，留下了不下300万字的学术著作，其中的《广东释道著述考》更是一本具有国际水平的佛学著作，她的诗集《碧琅玕馆诗钞》《流离百咏》，她的画作《水仙图卷》《旧京春色图》《海天踯躅图》，都是留给后人的一笔重要的文化和精神财富，也为岭南文化史添上了浓墨重彩的一笔。

患难相交廿五春

冼玉清认为诗是人间最美丽的东西，情感是世上最微妙轻灵的东西。因此冼玉清虽然终身不嫁，但她却极其重视感情。而她与陈寅恪之间如水般清纯的友情，就延续了25年之久，直至她身故后，陈寅恪仍对其念念不忘。

冼玉清和陈寅恪的相识，始于陈寅恪的父亲陈三立老人，续于二人同在岭南教书时期有志于学术研究的志向。

1937年夏，冼玉清将自己的《碧琅玕馆诗钞》呈给当时客居北平陈寅恪处的陈三立老人。陈三立对其诗稿给出了"澹雅疏朗，秀骨亭亭，不假雕饰，自饶机趣"这样极好的评价。因为欣赏这个后

冼玉清画的兰竹

辈，三立老人还亲笔为冼玉清的书斋"碧琅玕馆"题字。由此，冼玉清和陈氏父子结缘。遗憾的是，在北平被日本攻陷后，陈三立老人绝食而亡，冼玉清与老人的忘年之交就此终止。但与老人的儿子陈寅恪的友谊却在此后得以接续。

1941年，因于北平的陈寅恪在其好友香港大学中文系主任许地山的邀请下，前去港大任职客座教授。这一年年底，陈寅恪因于日军占领的香港，失去生活来源，生活极其困苦，常将衣物换食。正客居香港的冼玉清获得此消息后，就托人为他送去40元港币，尽管当时陈寅恪没有接受，但这份雪中送炭之情却让他铭记在心。此后，这份"滴水之恩"就成为二人相识的引线。

1949年1月陈寅恪接受岭南大学陈序经校长的聘书，来岭南大学任教，冼玉清获悉此上消息，欣然和同事们一起前往北门码头迎接。当年9月，冼玉清将自己出版的《流离百咏》诗集赠给陈寅恪。陈寅恪评价其作品"不独文字优美，且为最佳之史料。他日有编建炎以来系年要录者，必有所资可无疑也"。对于"以诗证史"的陈寅恪来说，给出这么高的评价无疑肯定了冼玉清诗作的"史诗"的价值。由此可见，同样淡泊名利、专注于学术的两个人产生了惺惺相惜之情。

从此，冼玉清不但和陈寅恪交流学术，与陈氏一家的来往也变得频繁起来。她的身影出现在陈寅恪一家生活中的方方面面，大到和校方的应对，小到家中儿女在哪里读书、工作，甚至陈家儿女的婚恋问题等。冼、陈二人更是时不时诗词唱和。

1949年12月,陈寅恪夫妇与冼玉清结伴游览了清代名胜漱珠岗纯阳观,这是陈寅恪晚年次数不多的外游之一。漱珠岗纯阳观距离岭南大学只有四里地,是当时许多诗人咏梅的地方。这里有古松、怪石、幽梅,清静怡人。纯阳观始建于清道光四年(1824年),是文人骚客附雅之地,题咏、纪游之作甚多,而"岭南派画家"居巢、居廉、高剑父、陈树人等人均在此留下画迹游踪。陈寅恪在这次游观、看花之行后赋诗《己丑仲冬纯阳探梅,柬冼玉清教授》(《纯阳观梅花》)给冼玉清:

　　我来只及见残梅,叹息今年特早开。
　　花事已随浮世改,苔根犹是旧时栽。
　　名山讲席无儒士,胜地仙家有劫灰。
　　游览总嫌天宇窄,更揩病眼上高台。

冼玉清则以《漱珠岗探梅,次陈寅恪韵(己丑仲冬)》和之:

　　骚怀悃悃对寒梅,劫罅谁来讯落开。
　　铁干肯随春气暖,孤根犹倚岭云栽。
　　苔碑有字留残篆,药灶无烟剩冷灰。
　　谁信两周花甲后,有人思古又登台。

1950年1月15日，冼玉清在写给史学家陈垣（字援庵）的信中还提及此次赏梅之行，称陈夫人唐筼说陈寅恪已经很多年没有赋诗的豪兴。由此可见，陈寅恪当时心情之愉悦。

冼玉清治学严谨，从史学的角度，以考据、艺文、人物为主，对于岭南文化历史人物进行了深入发掘与系统研究。这可以从她的《广东释道著述考》一书中看到。这本书中，冼玉清阐述了释家的代表作，囊括了唐代7家、宋代4家、元代2家、明代5家、清代76家、民国7家，附释家言39家，补我国佛学著作空白。对于她的这种钻研谨慎、立论小心的治学态度，陈寅恪极其欣赏，曾以曹溪六祖慧能南派禅宗作喻，给予极高的评价。这可以从陈寅恪为《琅玕馆修史图》的题诗中看出。

《琅玕馆修史图》是冼玉清先生于1950年请著名画家吴湖帆为其居所所绘的手卷。画卷绘成后，当时的许多名流、学者和诗人纷纷题诗。1952年2月，陈寅恪写了《题冼玉清教授修史图》三首七绝，其中一首如下：

> 国魄消沉史亦亡，简编桀犬恣雌黄。
>
> 著书纵具阳秋笔，那有名山泪万行。

在诗中，陈氏用其最擅用的"今典"痛骂了当时修史的"应时"之作,肯定了冼玉清的著作自有见地。

1957年1月31日,恰逢农历正月初一,陈寅恪夫妇携手完成一副春联,赠予冼玉清。当时的陈寅恪已目不能视,夫人唐筼代他书写:"春风桃李红争放,仙馆琅玕碧换新。"这里的"仙馆琅玕"暗含了位于中山大学的西北区的冼玉清的书斋碧琅玕馆和位于中山大学东南区的陈氏父女居住的金明馆。可见,在陈氏夫妇的心目中,冼玉清当是家人一般的存在。

正是因为这份家人的深情,冼玉清成为陈氏夫妻内心一个特殊的人,而陈氏夫妻在冼玉清的心目中也是可以倾吐内心的对象。

陈寅恪晚年因为身体原因,深居简出,而冼玉清就成了他获得外部信息的重要来源。每每冼玉清到陈家,就会将近期的见闻告知于他,这使得陈寅恪能及时了解时事,透彻地了解现实。

1955年,冼玉清为了清算父亲为自己留在香港银行的存款,需要每个月到港清算利息,有人因此污蔑她在向外送情报。冼玉清悲愤莫名,只有在上陈家时,含泪向陈寅恪诉说,感叹"人心之凉薄",陈寅恪则默然无语,给予无声的安慰。冼玉清晚年身患乳腺癌,需要在香港和广州就诊。1964年,因为冼玉清在香港居住了差不多10个月,结果谣言满天飞,说她"逃港"了。陈寅恪在她返回时,写了《病中喜闻玉清教授归国就医,口占二绝赠之》,其中之一为:

海外东坡死复生,任他蜚语满羊城。

> 碧琅玕馆春长好，笑劝麻姑酒一觥。

此诗以苏东坡《神仙传》里的麻姑来比喻冼玉清，表达了对冼玉清的同情和了解，同时对她的一身正气予以褒扬，希望她早日康复。

1965年10月，冼玉清撒手人寰，享年70岁。陈寅恪闻听噩耗，几乎彻夜不眠，在厅堂里整整徘徊了三天后，悲痛地为其写下挽诗：

> 香江烽火犹忆新，患难朋交廿五春。
> 此后年年思往事，碧琅玕馆吊诗人。

诗句一改陈氏惯于用典的手法，用平易畅达的语言表达深切的怀念之情，读来如泣如诉，个中之情溢于文字之间。

陈寅恪用自己的"贤人君子"的学识与风采，让冼玉清获得"觅到知音的快感"；冼玉清，以自己的学识与活动，为陈寅恪目不能视的孤寂送去光亮，他们之间的友情，验证了"人生得一知己足矣"这句话。

四、王国维：亦师亦友

1927年6月2日，国学大师王国维自沉于颐和园昆明湖。陈演恪在

挽诗中写道:

> 敢将私谊哭斯人,文化神州丧一身。
> 越甲未应公独耻,湘累宁与俗同尘。
> 吾侪所学关天意,并世相知妒道真。
> 赢得大清干净水,年年呜咽说灵均。

对于陈寅恪而言,同为清华国学研究院的导师的王国维,是一个亦师亦友的存在。

从帝师到导师

清末光绪三年十月二十九日(1877年12月3日),位于浙江海宁州的王家,喜添一丁。没人能想到,这个婴儿日后会在中国的政界、文化界有着那么高的知名度,更没人能想到他会以那么决绝的态度辞

王国维

别这人世间。

王国维后来能成为一代大家,和他的父亲从小对他的严格要求密不可分。王国维的父亲王乃誉喜欢书画、篆刻,精通古文,诗书画造诣颇深,是清末著名的书画家、诗人。王父曾给江苏溧阳县令做过幕僚。王国维4岁时母亲去世,他和姐姐王蕴玉主要由叔祖母照顾,这使得王国维养成了沉默寡言的忧郁性格。王国维7岁时,被父亲送到邻近的书塾接受启蒙教育。王国维11岁时,祖父病故,王父回家奔丧,从此隐居家中,亲自教授王国维。当时,每晚放学回家后,年少的王国维还要在父亲的指导下,阅读大量课外书籍,临帖书画,学习骈文和古今体诗。王父不仅十分注重儿女的学业,而且重视儿女的品性,他经常带着他们走亲访友,增长见识;有时还有意安排他们独自外出办事,或为自己代笔,以此来增长他们的处事能力。在父亲的教导下,王国维博览群书,过目成诵,出口成章,1877年就考中秀才,与陈守谦、叶宜春、诸嘉猷被誉为"海宁四才子"。

1894年,两试不第的王国维进入杭州崇文书院求学。当时正值甲午战争后,大量的西方文化科学向中国输入,从前埋在王国维心中的维新思想的火苗被点燃,他在博览群书的过程中对史学、校勘、考据之学和新学进行探究,尤其对新学产生了浓厚的兴趣,他产生了外出游学的强烈愿望。然而王家虽然是不愁衣食的小康之家,但要供他外出游学并不轻松,加之作为长子,王国维清楚自身的责任,于是压下自己的渴望,回乡做了一名私塾教师,留乡期间

流辈争推续史功，文章羞与俗雷同。若将女学方禅学，此是曹溪岭外宗

国魄销沉史亦亡，简编桀犬恣雌黄。著书纵有阳秋笔，那有名山泪万行 具

千竿滴翠闷清新，一角园林貌得真。怱展图看长叹息，窗前东海已扬尘

玉清教长 属题

庚寅大寒日 陈寅恪

陈寅恪《琅玕馆修史图》所题诗作

靠研读外洋政书和《盛世危言》《时务报》《格致汇编》等了解时政,让自己能和新学离得再近一点。

1895年11月,王国维在父亲的安排下成婚。按中国的习俗,成家立业是密不可分的。随后,王国维也尝试着和同乡创办学堂,但由于资金不足最后不了了之。王父体察儿子内心的渴望,加之王国维解决了终身大事,于是在1898年正月亲自送儿子去上海求学。王国维在上海一共居住了近10年。在此期间,他结识了年长自己11岁的罗振玉,学习了日文、英文和数理等,还在罗振玉的资助下赴日本东京学习数理,虽然这次留学因为身体的原因不得不中止,但这段经历也让他开阔了眼界。从日本回国后,王国维在做教师之余,潜心研究西方伦理学、心理学、美学、逻辑学、教育学,深入研究了众多西方哲学著作,撰写和翻译了许多相关的文章。他还将西方哲学与先秦诸子及宋代理学相结合,发表了多篇论文。正是这一段时间的"独学",王国维在学术上做到了兼容并包,在中国传统思想文化的基础上"兼通世界之学术"。

1906年初,王国维离开江苏师范学堂去北京图书局任职。此行是因为经罗振玉的推荐,王国维被任命为学部总务司行走(学部是清政府设立的统一管理全国教育的机构,行走相当于兼职办事人员)。不久后他又任学部图书编译局编译,主要负责编译及审定教科书等工作。这段时间,他专注读书和著述,撰写、整理并发表了中国近代最负盛名的一部词话著作——《人间词话》。他在这部书中提出的"三境说"点醒了众多世人:"古今之成大事业、大学问者,必经过三种之境界:'昨夜西风凋碧树。独上高楼,望尽天涯路。'此第一境也。'衣带渐宽终不悔,为伊消得人憔悴。'此第二境也。'众里寻他千百度,蓦然回首,那人正在,灯火阑珊处。'此第三境也。"

1911年,辛亥革命之火燃遍全国,王国维携家眷跟随时任学部参事的罗振玉,经天津前往日本避难。在日本的四年多的时间里,王国维潜心学问,研究经史、小学,还协助罗振玉整理运去日本的大云书库藏书和古物。也就是在这时,他开始研究甲骨文,并以古文字学为基础,研究古史,从古代的器物到古代的书册、服装、建筑等,涉猎范围极其广泛。

1916年,王国维从日本回国,定居上海。从1918年到1922年,北京大学先后多次向王国维伸出橄榄枝,邀请他到北大任教,但潜心编书、研究和写书的王国维都予以拒绝。在这段时间里,他先后完成了《殷卜辞中所见先公先王考》《殷周制度论》《戬寿堂所藏殷墟文字考释》等作品,在史学界引起了较大的影响。

1923年,47岁的王国维被推荐到北京做逊帝溥仪的"南书房行走"。这是一个必须由饱学鸿儒担任的职位,也是儒家入世的最高形式的代表——帝王之师。王国维能以一介布衣的身份担任此职,可见其自身学识和作品的影响之深广。因为这种破格提拔,王国维感念溥仪的恩泽,以一颗忠义之心相待,时时想着感恩图报。任职期间，他除了教溥仪读书，还专注清理景阳宫等处的藏书。1924年11月5日，溥仪被冯玉祥逼宫，王国维不离不弃，随侍左右，一同前往天津避难，甚至差一点和罗振玉等前清遗老一起投金水河"殉国"。虽然"殉国"没成，但从此之后，王国维就以清室遗老自居，直到辞世也没有剪掉作为时代象征的辫子，并且在清华大学执教的两年时间中，每年春节都要去天津晋见"皇上"，还常常为"有君无臣"的现实而忧虑。

王国维故居

1924年，清华国学研究院成立，胡适、顾颉刚等人请王国维出任院长，王国维坚持不从，只接受了教师一职。至此，王国维和清华正式结缘，成为清华国学研究院的一名导师。

从帝师到导师，虽然只是短短数年，但在这短短数年间，王国维不断地钻研中外文化，不断地提升自己的学养，最终使得自己站在了中国学界的顶峰，成为学通古今、中外的一代国学大师。

清华园内一道风景

身材瘦小,脸庞黑黄,八字须,身着旧式长袍,头戴瓜皮小帽,脑袋后面留着一根小辫子,自顾前行,无惧他人的眼光。这就是王国维进入清华任教后留给师生们的形象。

王国维在清华深得师生敬重。这种敬重一方面源于他渊博的学识,另一方面来源于他严谨的治学态度和老老实实做人的品格。

王国维对待教学,态度严肃。他备课特别细致,在讲《说文解字》时,针对一个问题,他会寻找与问题相关的所有材料,经过全面而细致的分析后,才做出结果,绝不想当然地妄下结论。他教学守时,无论刮风下雨,还是寒冬酷暑,从不迟到早退,准时来准时走。王国维性格淡泊,寡言少语,外表严肃冷峻,不喜欢与人交游,课一上完他就回到清华西院的住所,钻进书房,潜心研究学术但一谈到学术问题,他就会变得极其热情。比如,由于王国维学识渊博、见解独到,当时有很多学生甚至老师去找他探讨问题,无论是在校内还是家中,无论是向他请教还是与之论辩,他都热情相待,不分尊卑,不分老幼,做到知无不言,言无不尽,倾囊相授。在执教期间,很多清华学子受其恩泽。其中就包括了他的助手赵元任。

王国维的治学严谨还表现在他对学生的态度上。在王国维看来,学生理应专注于学术,而不应该用杂事杂务分散精力,更不能追求虚名。因此,他向他的学生提出"六不":一不放言高论,二不攻击古人,三不议论他人短长,四不吹嘘,五不夸渊博,六不抄袭他人言论。

有一次,有学生在"历史学会"举办的茶话会上提出要创办刊物,王国维马上站起来予以制止。原因就是,他认为在求学的年龄,学生就应该多读书,少写文章,即使写了,也只当是锤炼自己,而不是发表。这种扎实的治学之风和求学态度,值得人们反思和学习。

尽管王国维有着特立独行的行事风格,并给人以"老实得像一根火腿"(鲁迅先生评语)的木讷和迂阔,但是他以自己渊博的学识,让众多学者折腰,让师生折服,给清华园内留下了一道不灭的风景。

相对南冠泣数行

陈寅恪和王国维的相识相交,虽然只有两年,但是二人在学问、品行、人生态度及成就上的诸多相近之处,使得他们互相引为知己,王国维被陈寅恪视为亦师亦友的人。

1926年7月,陈寅恪到达清华园后,就在吴宓的陪同下拜访了王国维。这是两位神交已久的大师的首次见面。没人知道他们交谈了什么,但此后陈寅恪经常到位于清华西院的王国维的家中,与其论古话旧。在短短两个月的时间里,两人就多次交谈,以至于王国维在写给好友兼亲家罗振玉的信中,对陈寅恪极力赞扬,称对方虽然学的是东方言语学，但谈起欧洲学问界的情形却相当详细。由此可见，二人的交谈范围之广，包括了东西文化的多个领域。在两年的时光里，王国维凭着自己对甲骨文的研究，影响了陈寅恪对于殷墟文字——甲骨文的观点和看法。而陈寅恪在研究梵文和西域文中提出的观点和看法，也影响了王国维。二人相互影响，互相学习与借鉴，成为彼此学术研究的良师亦友。

除了平时经常一起交流学术，二人还经常结伴到海王村为清华国学研究院淘书。在淘书过程中，王国维负责审定中文书籍，陈寅恪则负责审定外文书籍及佛藏等书籍。

对于这段共同淘书的经历，陈寅恪在其名作《柳如是别传》中有相关记载，比如其中记叙了当年二人在海王村（北京琉璃厂，今天还能看到海王村旧址）淘书时看到一本书，王国维称这种书实在没有写的必要，陈寅恪当时并没细问原因。但是几十年后在写《柳如是别传》时，再次涉及这本书时，陈寅恪不由得因事生情，想起了当日的点滴。

就这样，随着交往时间越长，王陈二人的情感就越深厚，关系也越来越密切。有两件事可以证明：一是王国维五十大寿时，陈寅恪和吴宓不仅早上8点就到王府祝贺，而且晚上又准时到王府赴寿宴。二是当时如果有友人到王国维的家中没有找到他，那么到陈寅恪的家中必定可以找到他。这两件事发生在两个专注于学术，都不那么喜与人交往的人身上，实在是极其少见，足见二人私交之深，感情之笃。然而，陈寅恪没想到的是，和王国维的这段友情竟然仅仅两年就戛然而止。

1927年6月1日，清华国学研究院第二届学生毕业典礼结束后，在师生叙别会上，王国维不但侃侃而谈，而且在与众师生告别后随同陈寅恪到位于清华园南院的陈家，二人畅谈到了很晚。回到家中，王国维还和到访的学生相谈甚欢。第二天清晨，王国维和平常一样到研究院办公，将手中的事务处理完后，离奇地向事务员侯厚培借了5元钱，雇了一辆洋车径直到了颐和园。花6角钱购了一张门票入园后，步入园中，在排云殿西的鱼藻轩长廊前徘徊了一会儿，吸了一根烟，然后纵身跃入昆明湖中。园丁听到有人落水，连忙跑去将他救起来，但此时王国维已经气绝身亡。

陈寅恪闻此噩耗，震惊不已。在处理王国维的丧事时，他不但在遗体告别仪式上，以传统的国粹最高礼仪——双膝跪地表达对这位同人的尊敬与哀悼之情，还挥毫书写了挽联，表达痛失师友的悲伤之情：

十七年家国久魂销，犹余剩山残水，留与累臣供一死；
五千卷牙签新手触，待检玄文奇字，谬承遗命倍伤神。

在处理王国维的丧事时，人们发现他放于里衣的遗书一封，其中明确交代了把自己的"书籍等项，请陈吴料理"，这里的"陈"

就是指陈寅恪。能被对方托付身后事，足见王国维对陈寅恪的信任，足见陈王二人感情之深厚。

陈寅恪不负王国维重托，不仅亲手为他写下前文的挽联，还在日后为王国维的身后名声奔波。1929年6月3日，为了纪念王国维先生，清华国学研究院的师生集资为他修筑了纪念碑，陈寅恪亲手撰写了碑文，在碑文中表达了继承和发扬王国维的"独立之精神，自由之思想"的态度，而他在此后的人生岁月中也以坚守这种精神和思想的行为，表达了对王国维的深切怀念之情。

第四章

意气书生的家国情怀

陈寅恪有一首诗题为《乙酉七月七日听读〈新水浒传〉后闻客谈近事感赋》，据说是他在1945年听说了国民政府与苏联签订的友好条约内容后写的。

谁缔宣和海上盟，燕云得失涕纵横。
花门久已留胡马，柳塞翻教拔汉旌。
妖乱豫么同有罪，战和飞桧两无成。
梦华一录难重读，莫遣遗民说汴京。

这首诗字里行间表达了对国家利益和前途的忧虑。陈寅恪先生一生中做过很多此类的诗。由此可见，作为一名文人，一名历史学家，寅恪先生并非两耳不闻窗外事，一心只读圣贤书，家国情怀始终萦绕于其内心，甚至贯穿其一生。

一、巨变到来前的思考

义宁陈氏关注后代的教育，并不仅仅只是诗书，而是将读书与求知、正心、立志、做人结合起来，注重对后代家国情怀的培养。陈寅恪的这种家国情怀，是在成长和教育中烙刻下来的，因此在成长的过程中，他每每于巨变到来前总能比大多数人有更多几分的思考。

凤竹风骨的传承

陈氏大屋的"凤竹堂"取"凤有仁德之征,竹有君子之节"之意,旨在训导陈氏子孙仰凤凰之高风,慕劲竹之亮节。凤凰是人才、学识的象征,"非梧桐不止,非练实不食,非醴泉不饮"(庄子《外篇·秋水》);竹是君子的象征,具有虚怀若谷、高节清风、坚贞不屈、昂然高挺的高尚品格。义宁陈氏的"凤竹堂"之名,就是在时时提醒后代子孙,要将凤与竹的品质融合在一起,要好学包容、尚德淡泊、爱国守节。

陈寅恪的祖父陈宝箴做到了。在国难当头时,他南下加盟湘军报效国家;受冤屈遭弹劾官职一降再降,仍坦坦荡荡,问心无愧,"不计较毁誉得失,乃能求公是公非";推动维新运动,实施新政,营一隅为天下倡。凡此种种,只为试图强国富民。

陈寅恪的父亲陈三立做到了。以诗文驰誉神州,罗致和保荐维新志士,为强国埋下变法新政的力量;襄助父亲陈宝箴,整顿吏治,发展通信交通,创办实业和报刊,支持变法,造福一方,培养一批杰出的人才;忧国忧民,捐寓所办学堂,致力教育,推动华夏文明之发展;忧愤时事,誓死捍卫国家主权,以残躯警醒后人。他以文人的风骨全陈氏家风,把家国情怀浸润于血脉之中。

陈宝箴老人晚年将心血完全倾注在子孙身上,训示孙辈要读书、成德、做人,要秉持君子之风,"君子之心公,由亲亲而仁民,仁民而爱物",要"积德累行;行义达道"。在好学包容、尚德淡泊、爱国守节的凤竹家风影响下,在父亲和祖父的言传身教下,陈寅恪幼承家训,很早就把从经史著作中所阐发的大义,与正心、立志、做人结合起来,将家国之念铭记心中。正是因为心存家国,他不是在祖父和父亲的余荫下,虚度光阴,而是苦读经史,深研学问,毅然远行,立身救国。

陈寅恪的家国情怀,救国之志,不是埋在故纸堆里,而是付诸实践,身体力行。这一点,从他在国外留学时的表现就能看出来。

1911年10月10日,武昌起义爆发,随后湖北军政府号召各省起义,推翻清王朝的统治,成立共和国。消息传到欧洲大陆,各国争相报道。刚在苏黎世大学入学不到一周的陈寅恪在获知这一消息后,做的第一件事就是到图书馆借阅德文版的《资本论》。他日夜通读,在极短的时间内就将其读完,并用唯物史观和唯物辩证法分析对其中的理论思想进行分析,从而明确了马克思和共产主义对于革命的重要意义。这一点可以从他多年后和自己的学生谈到这一行为时说"因为要谈革命,最要注意的还是马克思主义和共产主义,这在欧洲是很明显的"可略知一二。陈寅恪的这一举动,一方面或许是一直以来内心积存的祖父和父亲在维新变法运动中所做的努力最终被扼杀的不平,另一方面或许是基于内在的家国情怀,基于对国家兴亡的关切之情,想了解变革会给中国带来什么。总之,无论从哪一个角度来看,他阅读《资本论》

这一行为的背后，是基于爱之深忧之切的家国情怀，是面对时代的大变局急欲补充自己、提升自己，为将来参与新国家的建设奉献自己的力量的急切，是看到变化可以给祖国带来了希望的欣喜。这一点可以从他获悉武昌起义成功后，不但去恩嘉丁山欣赏雪景，而且还赋诗一首表达自己的好心情这一举动中可以看出。

造物作画真奇恢，下笔不假丹与煤。
粉白一色具深意，似为俗眼揩尘埃。
车行蜿蜒上绝壁，苍龙翘首登银台。
杉松夹道戴冰雪，风过撞击鸣琼瑰。
碧泉喷沫流涧底，恍若新泻葡萄醅。
直须酌取供渴饮，惜我未办玻璃杯。
我生东南山水窟，亦涉弱水游蓬莱。
每逢雪景辄探赏，何曾见此千玉堆。
车窗凝望惊叹久，乡愁万里飞空来。

这首诗题为《宣统辛亥冬大雪后乘火车登瑞士恩嘉山顶作》，全诗字里行间无亡国前的哀伤，满溢着愉悦之情，以及急于回国的迫切之情。

巨变中的成长

1911年底,陈寅恪从欧洲返回祖国。1913年再度赴欧洲留学时,他选择的就是法国巴黎高等政治学校的社会经济部学习。此后一年半的时间里,他将关注点从文史学转为政治经济学,不能不说是阅读《资本论》后激发的兴趣和对国家现状及个人发展方向的思考的结果。

在巴黎高等政治学校,陈寅恪系统地学习了西方政治经济学的相关知识,并在思考后将其中的一些观点融入自己的所学中,初步学会了从阶级、政治、经济等方位考察和分析社会文化现象。而这种学习方法对他后来的研究工作也起到了重要的作用,因为经济因素在社会历史进程中同样发挥着重要的作用。诚如他在分析明末郑成功父子之所以得以兴起的原因时所说的那样:"不是仅由武力,而经济方面,即当时中国与外洋通商贸易的关系,以及通商贸易带来的巨大力量,也是重要原因之一。"

1913年,陈寅恪获悉袁世凯颁布新法,任命自己为终身大总统,对这个窃国大盗妄想"家天下"的行为,感到极其厌恶,因此挥笔赋诗一首表达嘲讽之情:

岁岁名都韵事同,又惊啼鴃唤东风。
花王那用家天下,占尽残春也自雄。

这首题为《法京旧有选花魁之俗余来巴黎适逢其事偶览国内报纸忽睹大总统为终身职之议戏作一绝》的七绝，借法国巴黎花魁的选拔之事讽刺袁世凯的自封行为，言辞之犀利可见一斑。

二、忧国事政坛试水

机会总是给有准备的人，成长中的陈寅恪的报国准备也在恰当的时机得到了施展。这也是他的政坛初试水。

经界局忧时局

1914年，陈寅恪接到发自江西省教育司副司长符九铭的电报，让他回南昌"阅留德学生考卷，并许补江西省留学官费"。其意思是让陈寅恪回江西南昌帮着阅卷，回报是给他提供留学的官费。这可真是一个特大喜讯，一方面解了陈寅恪留学的费用之难，另一方面给了他发挥所学的用武之地。陈寅恪欣然回国，接受任务。

1915年1月，新任经界局（掌办全国土地的调查、测丈、登记的官署）督办（局长）的蔡锷，聘请刚从国外留学归来的陈寅恪做自己的秘书，同时担任经界局内新创设的编译所的所长。这个编译所负责编译东西各国关于经界的图籍，为经界局的工作提供学习和借鉴。从1915年春开始，在半年的时间内，陈寅恪组织有关人员编纂了《各国经界纪要》一书，为中国的土地管理和改革提供了珍贵的资料。这项工作让陈寅恪得以将所学服务于国家和人民，但他在施展抱负的同时，也看到了诸多丑态百出、怪异不堪的现象，并对当时官场毫无廉耻的作风深恶痛绝，为国家的现状和未来感到痛心，对新生的政权极为失望。因此，当护国战争发生时，当袁世凯在全国人民的讨伐声中死去时，陈寅恪对中国的现状更生忧虑之情，甚至对当时的新政府产生失望之情，进而对政治工作渐生倦意。这样的情绪可以从他在1916年夏秋之际所作的《寄王郎》一诗中感受到：

    泪尽鲥鱼苦不辞，王郎天壤竟成痴。
    只今蓬堁无孤托，坐恼桃花感旧姿。
    轻重鸿毛曰一死，兴亡蚁穴此何时。
    苍茫我亦迷归路，西海听潮改鬓丝。

所谓能者多劳，陈寅恪的才华和能力，注定他无法隐退在背后。1916年8月，历史古城二次迎来湖南省督军、省长谭延闿。

长沙城明选择

谭延闿是湖南茶陵县人,清末最后一次科举考试的会元,也是湖南省在清代二百多年的唯一一位会元,曾于1911—1912年任湖南督都,后因发表《讨袁檄文》被袁世凯撤职。1916年8月30日,谭延闿二次就任湖南省督军、省长。

长沙作为湖南省的省会,在中国近代史上是一个"矛盾"的城市,这种"矛盾"表现在它既有特别开放的一面,也有特别保守的一面。说长沙城开放,中国最先接触也是最愿意与"洋人"打交道的第一批中国人中,长沙人占了很大的比例;说长沙城"保守",它是最后一个让西方传教士进城的中国省会城市,这里的人相当排外,他们抗拒"洋人",坚决抗拒传教士进城,因此西方人将其称为"铁门"之城。

历史的洪流终于还是让长沙城门被西方人打开,到1916年时,长沙城内不但驻有美、日、英三国的领事馆,还有诸如雅礼大学、湘雅医学院、遵道会、洋行、医院等外国机构,岳阳、常德、益阳等城市里还有外国教会、医院和学校。当时常住长沙的外国侨民有数百人,临时来湖南的外国人更是源源不断。这样的现状和长沙人的排外观念发生了冲突,进而导致涉外冲突不断发生,且有增无减。

谭延闿二次上任后,针对长沙城当时的现状,在颁布《省长公署暂行条例》《省长公署办事通则》，规定公署机构、职能和办事流程的同时，设置了总务科、内务科、教育科、实业科、财政股、司法股、交涉股，其中的交涉股专门负责外人交涉事项。陈寅恪因其特殊的经历和出色的学识，被聘请为省长公署交涉股长。

面对这样一位敏感事不少的工作，陈寅恪尽管对当时的现状心生忧虑，对官场心生倦意，但是仍以严谨和认真的态度对待工作，正如他后来在课堂上对学生所说："初任职交涉使署，终日翻阅档案，看交涉案例。涉外交涉，不仅须熟悉条约，且须知道过去交涉案例，临事不致仓促应付，贻误事机。"在这段时间的工作中，陈寅恪的工作得到了谭延闿的赞许和肯定。而他在这段时间的工作，如重视文档、熟悉交涉案例、外语的纯熟及重视经济工作，都在其日后从事史学研究中体现了出来。

1917年8月，北京政府（又称为北洋军阀政府，简称为北洋政府，1912年4月—1928年12月）以武力威胁，任命陆军部次长、湘西人傅良佐为湘省督军，裁撤了谭延闿的权力。谭延闿非常生气，于是连续三次请求辞去湖南省省长一职。目睹这样的官场现状，厌倦了这种权术之争的陈寅恪，干脆递上一纸辞呈表达了赴美留学的愿望，以行动回击北京政府的行为，声援谭延闿。

1918年陈寅恪再次赴美留学，在1915—1917年服务于中华民国政府的这段经历，也成为他一生仅有的一段从政经历。这段经历让他看到了官场百态，了解了社会的运行内幕，也让他从此坚定地走上了学术救国之路。

三、宁盲不做亡国奴

虽然选择了学术救国，但陈寅恪的家国情怀从未曾淡漠，更不曾消失，反而因为学术的钻研、历史的研究，愈加深厚。这种深厚的情感，不仅体现在平时的学习与工作中，还体现在面对外敌相逼，宁盲不做亡国奴的选择上。

谈国事书生意气

在美国哈佛大学留学期间，陈寅恪除了学习梵文和巴利文外，还如饥似渴地深钻中国史学、文学、经学等著作，并涉猎了天文、历算、地理、气象等书籍，对中国的儒学、佛学及《红楼梦》《牡丹亭》等古代文学作品进行比较研究和学习。在比较研究和学习的过程中，他认识到"拯救国家，治理国家，尤其要以精神的学问（就是形而上学）作为根基"，因此将研究中国民族文化、历史文化，振兴、弘扬中华学术与中国文化，确定为自己终生奋斗的事业。这也是他学成回国后始终选择在大学从事教学和学术研究工作的重要原因。

在哈佛大学及后来的柏林大学读书期间,陈寅恪一直关注着祖国的变化,在埋头读书之余,经常参加留学生的聚会,纵谈古今、切磋学问,了解国内形势。

在哈佛时,陈寅恪参加过国防会的活动。国防会是1915年在波士顿的中国留学生组激愤于袁世凯政府屈从于日本提出的"二十一条"而成立的爱国组织。到柏林留学后,他也曾在参加留学生聚会时,一改平时儒雅平静,甚至沉默的态度,以缜密的思维和渊博的学识分析国家大事,点评晚清中兴名臣,揭露日本企图侵略中国的野心,抨击袁世凯媚外篡国和北洋军阀乱政,表达了对"内除国贼,外抗强权"的主张的赞同。在这样的评论中,他前瞻性的见解、深厚的民族情感,以及为国家寻求富强之路的探索精神,深深地感染了当时在座的留学生。

正是因为内心装着祖国,钻研学术的陈寅恪对那些极具进步思想的留学生心存敬意,愿意与之亲近,这其中就包括中国共产党旅欧支部负责人周恩来。陈寅恪曾与人谈起过当初和周恩来交往的一些故事,新中国成立后周恩来总理在谈到陈寅恪时,也以"爱国学者"来称呼他,这是对他的爱国情怀的肯定。而这个称呼他之所以当之无愧,还和后来发生在滞留香港时期的事情有关。

仇敌寇不肯屈服

卢沟桥事变爆发时，陈寅恪已经在清华园任教。1937年7月29日，北平落于日本人之手。陈寅恪于一片混乱之中乘人力三轮车匆匆回到位于西四牌楼姚家胡同四号的父亲陈三立寓所。他将父亲安顿好后，就在家人的帮助下抓紧时间将自己的书籍和手稿从清华园抢运回家中。由于时间匆忙，帮助运书的侄子陈封雄，只将陈寅恪书桌内外的书稿和书桌周围的书运回，陈寅恪不久前才购得的《大藏经》和大量藏书则被落下了。陈寅恪痛失"最爱"，对日本帝国主义的仇恨更深了一层。

8月8日，大批日军开进北平城。作为传奇的"维新四公子"，陈三立自然是日本人要拉拢、以示亲和的对象。日本人先后多次到陈家游说陈三立出山，都遭到陈三立的严词拒绝。从甲午战争开始，陈三立老人目睹日本人对中国的虎视眈眈，如今又亲眼看到大好河山被践踏，如何能与敌握手言欢，助纣为虐？那段日子里，陈三立老人甚至做梦都在大喊"杀日本人"；听悉有人散布亡国言论，怒斥道："中国人难道连狗彘都不如？"最终，接连不断的坏消息让这位85岁的老人决定以残躯殉国，绝食5日后忧愤而死。

由于父亲的去世及国家的蒙难，陈寅恪悲愤交加，从而导致他的右眼视网膜开始脱落。要保住右眼他就必须住院治疗，但他宁愿失去这只眼,也不想给日本人营造"和平"的假象的机会,于是在草草处理完父亲的身后事后,他背负着国恨与家仇,带着妻女匆匆离开了北平,追随清华大学的脚步,向长沙而去。

陈寅恪到达长沙没多久,随着战局的变化,清华大学不得不南迁,与北京大学和南开大学组成西南联合大学,作为教授的陈寅恪不得不再次踏上颠沛流离之路。就这样,他奔波于破碎的山河之间,奔向位于云南蒙自的西南联合大学文学院。

1938年4月,陈寅恪忍痛告别病中的夫人和年幼的女儿,从香港转道越南到达西南联大。骨肉分离和肉体的辛苦,没能让他倒下,但途中丢失了两箱珍贵的书籍却给了他重重一击,以致他一到目的地就病倒了。从1938年4月至8月,作为清华大学中文系和历史学系合聘教授的陈寅恪在蒙自教学之余,一心盼望着政府能早日组织力量,将日寇驱逐出中国的土地。在"七七事变"一周年当天,陈寅恪赋诗一首,以表达自己不能像战士一样持枪杀敌的郁闷与不安。

地变天荒意已多,去年今日更如何。
迷离回首桃花面,寂寞销魂麦秀歌。
近死肝肠犹沸热,偷生岁月易蹉跎。
南朝一段兴亡影,江汉流哀永不磨。

1940年5月,陈寅恪决定履行与英国牛津大学两年前的约定,去该校担任汉学教授一职。6月17日,他离开位于昆明的西南联大,7月1日到达香港。考虑到牛津大学要求他1941年9月到校履职,为了解决一家人的生活问题,陈寅恪在香港大学谋了为期一年的客座教授的工作。一年后,还没等到陈寅恪一家为即将到来的英国之行而高兴,牛津大学的一份延期一年到任的通知,又将一家人的生活打乱了。好在经过朋友的帮助,香港大学同意将陈寅恪的聘用时间延长一年,但他没想到的是,更大的问题紧随而来。

1941年12月25日,香港被日军攻占,香港大学被日本人接手。一身傲骨的陈寅恪马上辞掉了港大的一切职务。尽管此举会使家中失去了经济来源,家人不得不每天仅靠极少的粮食度日,自己也会因为饥饿而常常卧床不起,但陈寅恪并不后悔。在他看来,饿死事小,失节事大,国仇家恨大于天。

当时驻扎香港的日军首领获知陈寅恪是世界闻名的学者、文化名人,便开始采取一切措施和手段,不断地拉拢他。他先是出资40万港币邀请陈寅恪重建学院,主持"东亚文化协会";遭到陈寅恪的拒绝后,又在听闻陈寅恪一家过着饥寒交迫的生活时,安排人给陈家送来大米,陈寅恪怒斥日军:"我宁可饿死,也不会吃这种大米!"断然予以拒绝,表现了中国人的铮铮铁骨。

一计不成,日本人再生一计:以月薪千元的条件,请陈寅恪去被日军侵略占领的上海授课。此举当然也遭到了陈寅恪的坚决拒绝。总之,在香港期间,陈寅恪宁愿家人过着忍饥挨饿的日子,也不向日本人低下高贵的头。这一切,可以从当时他写给傅斯年的信中看到:

弟当时实已食粥不饱,卧床难起,此仅病贫而已;更有可危者,即广州伪组织之诱迫,陈璧君之凶妄,尚不足甚为害,不意北平之伪"北京大学"亦来诱招,香港倭督及汉奸复欲以军票二十万(港币四十万)交弟办东亚文化协会及审定中小教科书之事,弟虽回绝,但无旅费离港,其苦闷之情,不言可知。

在走投无路的情况下,陈寅恪仍旧坚不附逆,保持文人的气节,努力做一名堂堂正正的中国人!

最后,经过多方努力,陈寅恪一家终于在1945年5月4日,经过一道道关卡,乘轮船经澳门到达湛江港,逃出黑暗笼罩下的香港。

1941年日本占领军进入香港轩尼诗道

第五章 清华园中的『活字典』

五四运动前后,科学、民主、爱国的思想成为主流,研究"中国固有文化",继承、发展和弘扬传统文化,重拾文化自信的呼声愈渐高涨。在这样的背景下,建立了清华国学研究院。

清华国学研究院虽然仅仅存在了4年(1925年—1929年),培养的学生也不过七八十人,却对此后近百年的国学研究产生了深远的影响,创造了一个流传近百年的学术传奇,成为清华发展史上的里程碑。它之所以能创造这样的奇迹,主要是因为汇聚了四位学问和声望正隆,堪称学贯中西的国学大师——梁启超、王国维、陈寅恪和赵元任。

一、声名鹊起清华园

曾任清华大学校长的梅贻琦说过:"所谓大学者,非有大楼而谓也,有大师之谓也。"陈寅恪在国外游学十余年,虽有渊博的学识,却是一位地地道道的"三无"海归——无学历、无著作、无经验。宛如一张白纸的陈寅恪,如何能远在柏林,就得到清华国学研究院的青睐呢?一切还得从与梁启超和吴宓的相识说起。

清华园的二校门

排众议梁吴荐才

1925年,曹云祥(1881年—1937年)接任清华学校校长伊始,便开始推进他雄心勃勃的"大整顿计划"——把清华学校从一所"留美预备学校"发展成为真正意义上的大学,并为清华的发展列出了三大计划:改设大学、筹备大学基金、拟设研究院。

1925年,清华成立了一个独立于留美预备班和大学部的研学机构——清华国学研究院,其宗旨是培养"以著述为毕生事业"的国学人才，用现代科学的方法研究国学文化，为后世学人拓展广阔的视野，继承和发展国学文化。

可是"桩好立，楼难建"，曹云祥校长当然知道这个简单的道理。国学研究院的牌子挂出来了，可至关重要的筹备主任还没选定。国学院的筹建事务琐碎繁杂，主任是事关此事成败的关键人物，非大才不足以胜任，请谁来担此重任必须慎重考虑。就在曹云祥为此愁眉不展时，有朋友向他推荐了正在东北大学任教的吴宓。吴宓虽然接受过西方文化熏陶，却始终坚持宣传和维护中国文化遗产应有之价值，并提出用比较文学的方法研究和发掘国学的主张，这一主张与曹云祥建设国学院的初衷不谋而合。因此，当曹云祥向他递上橄榄枝，提出请他用哈佛的模式筹建研究院时，吴宓欣然接受，立刻回到母校，承担起筹办研究院的重任。

根据校方的定位和个人见解，吴宓主持拟定了《研究院章程》，确定研究院"以研究高深学术，造就专门人才为宗旨"。他在任职研究院期间，最为后人称道的一项工作成绩，就是为国学研究院请到了梁启超、王国维、陈寅恪和赵元任四位国内一流的学者，即后来公认的四大导师。

在这四位导师中，陈寅恪是最具传奇色彩的一位。他不仅以"三无"身份执教国学研究院，而且在走上研究院的讲台前，他就已经名扬清华园。所谓"未见其人，先闻其声"，不过这"声"不是他自己喊出来的，而是对他知根知底的研究院筹备主任吴宓替他喊出来的。

在研究院成立之前，曹云祥与清华大学筹备顾问胡适磋商筹办事宜，并有意请胡适执教研究院。胡适认为研究院能否取得成功，虽然与办学理念等因素关系重大，但是最为关键的是要有名师。他建议研究院采用国外研究生院的导师制，以研究带学习。曹云祥便顺势请他出任导师，胡适谦称自己"非第一流学者"，无法承担如此重任，建议曹云祥去请梁任公、王静安、章太炎三位大师。这三个人都是大名鼎鼎、冠绝一时的大师。

吴宓非常赞同曹、胡二人的想法，在拟定的《研究院章程》中明确提出"由教授专任指导"的原则。教授可以根据自己的研究心得开设课程，采用课堂讲授与专题研究相结合的教学方式，学生则可以根据自己的志向和兴趣自由选定研究课题，在导师指导下进行研究和学习。

接下来，他又采纳胡适的建议，顺利请到了王国维和梁启超，却被孤傲的章太炎拒之千里。曹云祥为研究院广开招贤之门，教务长张彭春推荐了他的同学赵元任，吴宓也强烈举荐自己的同学陈寅恪。

说"强烈举荐"一点也不为过，因为前三位导师的声望太高，梁启超是戊戌变法的核心人物，著述无数；王国维用甲骨文考证殷商史，可谓独树一帜，著有至今广为流传的《人间词话》；赵元任是哈佛回来的著名语言学家，这三位导师的名望和学术成就卓著，早就名声在外。而此时的陈寅恪可以说是籍籍无名，根本无法与他们相提并论。

陈寅恪出身世家，自幼饱读诗书，留学欧美十余年，就读的都是世界名校，怎么能说籍籍无名呢？那是因为他不"倚学问以谋生"，没有功利的羁绊，只为求知求真而读书，对很多人看重的名利、学位等物丝毫不感兴趣。

在那个争相出国留学的年代，有人为了汲取学问，有人为了求取功名，更有人只想混个"克莱登大学"的博士学位，然后回国谋混个好职位。在留学镀金的潮流中，陈寅恪可谓是最特立独行的一位。他辗转就读过多所名校，一心钻研学问，却从没拿到任何学位。他只选自己要学习和研究的课程去听，听了做笔记，有空儿就在那儿自己读书，有点像中国传统的游学。

很多人都不理解，好事者曾打探过此事，他总是淡然地说："博士学位好拿，但两三年内被一个专题束缚住，就没有时间学其他知识了。只要能学到知识，有无学位并不重要。"他这种不谋学位、专心求知的态度，固然得到很多有识之士的赞许，但碰到不了解他的人，尤其是求职的时候，学历上的"硬伤"就显露出来了，为他入选研究院导师平添了几分波折，也令研究院差一点错失一位杰出的国学大师。

关于推荐陈寅恪出任研究院导师的事，坊间有两种说法，一种说法是研究院主任吴宓强力举荐；另一种说法是梁启超推荐的，并与曹云祥有过一番唇枪舌战，相传二人之间的对话也颇为传奇有趣。

  曹问："他是哪国博士？"
  梁答："他既不是博士，也不是硕士。"
  曹又问："那他有什么著作？"
  梁回答："也没有著作。"
  曹摇头，说："既非博士，又没有著作，那就没办法了。"
  梁启超荐才心急，生气地说："我也没有博士学位，虽然有些著述，却也不如陈先生寥寥数百字有价值！你不请，自有国外的大学抢着请他！"

  梁启超与陈寅恪之父陈三立是旧交，深知陈寅恪家学渊源，对他的了解自然比曹云祥更多，为举荐良才而怒争的举动也可理解。
  关于举荐陈寅恪的经过，《吴宓日记》和某些学生的纪念文章中也有一些记录。身为研究院筹备主任，推荐人才本来就是吴宓的职责之一。同时，作为陈寅恪多年的好友，吴宓非常了解陈寅恪，钦佩他的学识和人格，深深地折服于陈寅恪深厚的国学底蕴和独到的见解。在哈佛读书期间，吴宓经常和陈寅恪畅聊国学经典以及历史考据等；曾亲耳聆听他与众人闲聊经史，互相引经据典辩驳，且获益良多。因此，在他看来，陈寅恪博览群书、勤奋钻研，具备深厚的学识，对历史有着独到的见解，是导师的极佳人选。这也是他力排众议,极力举荐的重要理由之一。

吴宓和梁启超都了解陈寅恪的家学渊源,都知道虽然与其他三位导师相比,陈寅恪一无拿得出手的学位,二无有说服力的著作,三无实际的教学经验,但他绝对可以称之为杰出的国学大师,研究院绝不能错失这样一位杰出的导师,因此内举不避亲,极力举荐。

曹云祥和张彭春不了解陈寅恪,所以犹犹豫豫,迟迟不说同意。这可急坏了吴宓,他据理力争,甚至不惜以辞职相逼。在那几天之中,吴宓与曹云祥之间展开了你来我往的辩论争执,其中的曲折和细节很难为外人所知,我们可以从吴宓的日记中找到蛛丝马迹。

1925年2月14日,吴宓向校长曹云祥和教务长张彭春提出聘任陈寅恪为教授的事。15日,张彭春就陈寅恪的事情与吴宓交换看法,但"聘事未定"。16日,曹云祥同意聘请陈寅恪,吴宓"即发电聘之"。吴宓在日记中简单记述了事情的经过,并未记录细节。

1937年,吴宓在《文学与人生》的课堂上与学生分享过关于此事的一些细节。他说学校当时已经聘定梁启超、王国维和赵元任三位教授,他又向曹校长推荐陈寅恪。教务长张彭春认为,陈寅恪留学十余年,学问精深,但他一无学位,二无著作,这两条实在与聘任教授的要求相差太远。他强调,要保证今后聘任教授的水平,就不应为某一个人放松聘任标准,坚持不同意聘请。吴宓也丝毫没有退让的意思,他说陈先生前后留学十多年,他的学问渊博,能与很多外国的教授同台讨论,他们的关系不像老师教授学生,更像是共同探讨学习的同学。陈先生的确没有公开出版的著作，要说公开的著述，只有1923年8月《学衡》杂志上发表的《与妹书》。《与妹书》节选自陈寅恪写给妹妹陈新午的家信，梁启超向曹云祥推荐时所说的"寥寥数百字"就是《与妹书》。吴宓认为，此文"寥寥数百字，已足占见其学问之广而深，识解之高而远"。但吴宓费尽了口舌，也没说服张彭春。

第二天，大家都去参加学校的宴会，吴宓中途退场，单独去见曹云祥，把昨天和张彭春说的话又说了一遍，两人都坚持自己的主张，言辞非常激烈。吴宓气说自己身为筹备主任，为研究院举贤纳才是职责内的事，无论学识和见闻，陈寅恪都是不二人选，如果学校太看重学历和著作之类形式化的条件，只为坚守招聘要求的"硬杠杠"而错失一位国学巨匠，是研究院的损失，也是自己的失职，那自己这个筹备主任干不干也就没什么意义了。

曹云祥想不到吴宓会以辞职相逼，但也看到了吴宓对陈寅恪的信心，经过慎重考虑，他最后点头同意。吴宓趁热打铁，即刻手写了一份电报稿，经曹云祥签字后迅速发出。

发公告迎大师

吴宓理解校长和教务长心中的顾虑，也清楚此事还远没结束。接到国学院的聘任邀请时，远在德国的陈寅恪，深知自己还有很多东西要研究和学习。他的心中也不平静，也在犹疑——继续留在柏林大学研学，还是接受国学研究院的聘请？这是一个两难抉择的问题。没收到陈寅恪的回电确认，吴宓就不敢确切地说出此事，在1925年2月20日接受《清华周刊》访谈时，他只能保守地说："尚有一二位名师，不久即可约定。"

直到2月27日，《清华周刊》才正式发布聘请陈寅恪的消息，"兹校中又函电往德国，聘请陈寅恪先生为主任讲师，连前共四位"，并大篇幅地隆重推介陈寅恪，追溯他家学渊源，留学欧美十余年的经历，赞其精研古今语言，尤其精研东方各国语言及历史，佛教发达传播之历史，中西交通史等，造诣宏深，等等。

邀请电报发出两个月后，吴宓收到陈寅恪的来信。陈寅恪在信中说"家务，不即就聘"，吴宓刚刚放下的心又提了起来，不禁在日记中感慨："介绍陈来，费尽气力，而犹迟疑。难哉！"他竭尽所能地举荐，陈却犹豫不决，对这个结果的为难和无奈之意在字里行间表露无遗。

吴宓即刻回了一封电报请陈寅恪慎重考虑。几天之后，他又追加了一封信，详细介绍清华国学研究院及国内的情况。1925年6月25日，陈寅恪致信吴宓称，接受聘任，明春到校。时间推迟了大半年，有一点点小遗憾，可吴宓的心总算踏实下来了，他非常高兴与好友共事，更庆幸自己为国学研究院物色到了"中国最后一位鸿儒通才"，此时只是别人还不知道而已。

和现在的媒体经常刊发明星网红的消息来维持热度一样，每隔一段时间，《清华周刊》就会发布关于陈寅恪的近况及回国行程之类的消息。人还没到学校，他就已经成了清华园里的"名人"了。

1925年9月14日，清华国学研究院迎来了最重要的日子——开班授课。公示工作安排时，研究院给远在欧洲尚未到任的陈寅恪也安排了课程，年历学、古代碑志、佛教经典等研究课题。

1925年12月18日，法国马赛港，一艘巨大的邮轮旁，登船的队伍中出现了一个身形消瘦的中国青年，他就是清华国学研究院的导师——陈寅恪。这艘法国邮轮的目的地是中国上海，船上的陈寅恪带着满满的收获和期待踏上了回国的路。他的随身行李中大部分都是欧美研究汉学和东方学的专业书籍和杂志。陈寅恪可不是富翁，他哪有钱买这么多书？原来，早在回国前他就给吴宓写信，指出欧美的东方学研究成果领先于国内，且国内缺乏这方面的研究资料，建议研究院多购置专业的外文书刊和佛经道藏典籍，便于授课和指导研究之用。吴宓专门为此请示曹云祥，曹云祥分两次特批了四千元购书公款，请陈寅恪代图书馆购买研究院所需的图书资料。一收到公款，陈寅恪就按照此前列出的购书清单行动起来，有些年代久远实在不易找到的资料，就去旧书市场上搜集。陈寅恪对珍稀典籍和专业书刊一向重视，从不嫌多，只嫌不够。他此次只带回了能找到的一小部分，回国后，他又委托俞大维、罗家伦等人继续帮他网罗搜集。

陈寅恪赶在新年之前回到了杭州，陪家人过了一个团圆年。春节过后，父亲陈三立卧病在床，他围在床前侍奉，以尽多年游子的孝行，春季开学时没能按约定到校。但在侍奉父亲养病之余，他为到国学院授课做了充分的准备。

在此期间，研究院里也发生了一点变故。吴宓因提出的研究院发展计划被学校否决，多次沟通无果后愤而辞职，曹云祥校长因一时找不到合适的人来接任其工作，只好亲自上阵，自己兼任。而那段时间又恰逢清华学校正在闹风潮，他还要处理学校的事务，因此对研究院的事务难免有所疏失，教授们平时分散在各处带学生做课题，很难聚到一起沟通院务。此时梁启超刚刚手术，还在康复阶段，王国维以研带学，经常找不到人，赵元任也带着学生在外采风，搜集史料。研究院顿显混乱，给人群龙无首的感觉。陈寅恪在杭州听说了清华的情况，心中犹豫还要不要到校任教。

好在学校的风潮很快平息下来。紧接着，清华学校连续举行了三次教授会，推选梅贻琦任教务长兼研究院主任，并选举产生了各系主任，陈寅恪当选为东方语言学系主任。学校的教学和校务逐渐回归正轨。

1926年7月7日，陈寅恪抵达北京。第二天，在吴宓的陪同下来到学校，拜访校长曹云祥、教务长梅贻琦，以及梁启超、王国维、赵元任、李济等同事，并参观研究院、图书馆等处。至此，陈寅恪真正走入了清华园，国学院的同事们才见到早已"声名鹊起"的大师本人。

声名鹊起清华园

1926年9月8日,对于清华校园的师生来说是一个重要的日子。这一天,传奇人物陈寅恪正式站上讲台,开启其执教和学术研究的生涯。

早在陈寅恪进入国学院之前,清华园内就对这位教授充满了好奇之心。在吴宓"以去留争"建议校长聘请他时,陈寅恪这个名字就开始震动全校,让所有人跌掉了眼镜。再传来本尊还没见到,校长就同意他购买资料的请求,不仅预支他半年的工资,还特批四千元巨款委托他替学校购买图书,这一举动,更是让学校和研究院的师生对其好奇之心达到了高峰。从此,《清华周刊》发布的每一条关于陈寅恪的消息都成了清华师生津津乐道的"传奇",陈寅恪的声名也就此传遍了整个校园。

二、"教授的教授"

陈寅恪一上讲台,就以其渊博的学识和深刻的见解再次震惊了一众师生,很快就在人才济济的清华校园里崭露头角,获得了"教授的教授"的美名。

第五章 清华园中的"活字典" 145

陈寅恪

课品人品倾师生

陈寅恪刚刚站上国学院的讲台时,很多师生都用怀疑、陌生甚至挑剔的眼光审视着这位"三无""海归",有质疑他的学识的,有怀疑他的能力的,还有等着看他的笑话的。然而没过多久,这些怀疑、挑剔就烟消云散了。

陈寅恪的导师之路也不是一帆风顺的。他最初开的课程过于偏冷,来听课的学生也不多。例如,对于"梵文文法"课程,他用《金刚经》作为课本,陈寅恪用不同语言的版本印证解释,这种边校勘边研究的学习方法令人大开眼界,但听课的学生非常吃力。陈寅恪通晓二十余种语言,一会儿讲梵文,一会儿又变成俄文或德文,他把同一个词译成不同语言,其意义往往相去甚远,有些词义甚至天差地别。学生基础薄弱,他便逐字讲解发音和词义,反复解释之后,有的学生还是一头雾水,不知所云。

一段时间下来,陈寅恪意识到课程设置的难度太大,导致学生的兴趣不高,给人曲高和寡之感。为了适应学生的需要,他决定由易入难,开设了魏晋南北朝史、隋唐五代史、元(稹)白(居易)刘(禹锡)诗研究等课程,来听课的学生渐渐地多起来,他们才真正领略到陈寅恪博大精深的学识。比如,他讲到唐代诗人王维时说,在梵文中,"维"的意思是"降伏","摩诘"则是指恶魔,如此说来,"王维"便是名降伏,字恶魔了。引得同学一阵大笑。

他就这样寓教于乐,把课程涉及的文史哲、儒释道等相关的知识串联起来讲,使学生在潜移默化中学习考据研究的方法。

师生们惊叹的不仅仅是他的研究方法,还有他的博学。他讲课时往往从一个字或一首诗开始研究,展开的内容贯通中西,他引用的很多内容根本不用翻资料,全都储存在他的记忆里。一次讲到唐朝边塞诗人王翰的《凉州词》时,他从"葡萄美酒夜光杯"扩展开去,旁征博引,引用的资料遍及中亚到欧洲的文史典籍,及至《新唐书》等史志,他用诗史互证的方法,把葡萄酒的起源,流传脉络,如何传入中国及后续发展等内容,解释得清清楚楚,令听课的学生大呼过瘾。

陈寅恪学识渊博,作风却非常朴素。在清华师生的记忆中,他平时都是中式装束,春夏常穿蓝布长衫,秋冬则穿厚袍加马褂,看起来平淡无奇,没有任何留洋教授的派头。在校内的林荫道上,经常能在来往的学生中看到他的身影,腋下夹着一个布包袱,里面裹着上课要用的参考书和资料。认识他的学生一看包袱的颜色就知道今天上什么课,他的习惯是,一般的课用黑布,涉及佛学经典的就改用黄布,以示敬重。

不变的只是他的装束,他的课却总是以新资料印证旧观点,或在日常所见的史籍中发现新的理解。他对学生说,即使每年开一样的课程,每届讲授的内容都必须有更新,加入新的研究成果、新的发现,绝不能一成不变。

陈寅恪的研究,重在求真求实。他很重视新的发现,但凡欧美学者对中国史研究有了新发现,他亲自印证之后也将其作为引证使用。他讲课时常常由一点出发,引证的典据横跨中西、纵贯古今,展现在学生面前的便是一部真实生动的历史剧。所以学生听得津津有味,来听课的教授也深受启发。

陈寅恪讲课常能见人所未见,"发前人未发之覆",令人拍案叫绝。他总能利用一般人都能看到的材料,讲出新奇而不怪异的见解。大家听完以后都发出"我竟然没有想到"的感慨,油然生出豁然开朗的感觉。

最令学生敬佩不已的是,陈寅恪每次都以常见的史料作铺垫,与诗词、儒释道等典籍互相印证,像剥圆葱一样逐层呈现出历史的真相,如徐徐展开一幅精彩纷呈的历史画卷。

清华园中"活字典"

作为一名历史学家和语言学家,陈寅恪非常重视考据研究。他认为诗词歌赋是作者对现实环境的所思所感,以文学的角度记录和保存了作者所处时代的现实,所以他用诗歌中描写的细节作为研究历史事实的佐证,并以"诗史互证"的方法还原历史真相。陈寅恪的研究方法是,从大处着眼,研究宏大的历史背景;从小处入手,以一句话或一首诗为线索,以诗证史,二者互证。通过"诗史互证"的方法，他用一个真相引出另一个真相，逐步描绘出一幅真实的历史图景，这就是他的高明之处。

陈寅恪的治学方法比较突出的一点是他从文、史、哲多角度引证，"以诗证史"的涵盖范围极广，除了诗词歌赋等文学材料，还包括野史、笔记等辅助资料，以及其他学科的繁杂记载，都可成为他考证历史的佐证。陈寅恪考据史料时更多引用常见典籍，并通过众多资料的互相印证来研究历史的真伪、发生、发展和变化。

陈寅恪在讲授历史研究的心得时说："最重要的就是要根据史籍或其他资料以证明史实，认识史实，对该史实有新的理解，或新的看法，这就是史学与史识的表现。"

陈寅恪的学生、北京大学著名教授季羡林回忆，陈寅恪讲课，同他写文章一样，先把必要的材料写在黑板上，然后再根据材料进行解释、考证、分析、综合，对地名和人名更是特别注意。他的分析细入毫发，如剥蕉叶，愈剥愈细愈剥愈深，不武断，不夸大，不歪曲，不断章取义，他仿佛是引导学生走在山阴道上，盘旋曲折，山重水复，柳暗花明，最终豁然开朗，把学生引上阳关大道。

在清华园里，师生们有文史方面的疑难问题，都愿意找陈寅恪请教和探讨，他释疑解惑的耐心是出了名的，久而久之，师生都称他为清园里的"活字典"。把他与梁启超、王国维、赵元任并称为国学院"四大导师"，再也没人质疑他是一个"三无"教授了。

在四大导师中，陈寅恪与王国维相知极深，两人亦师亦友，经常一起谈古论今，但二人相交的时日很短。1927年6月2日，王国维于颐和园昆明湖投湖自尽，震动了学界。关于他的死因，众说纷纭，至今仍是一个谜团。他在遗嘱中特别交代，把所藏的书籍委托给陈寅恪和吴宓处理，足见对陈吴二人的信任之深。

同年末，梁启超身体每况愈下，渐渐无法上课，1929年1月19日于协和医院病逝。"四大导师"中只剩两人了，赵元任研究方言，经常去各地做田野调查和音乐采风，只有陈寅恪一人常年驻校授课，研究院的师资力量越来越弱，很难维持正常的教学。起初，陈寅恪很多事情都要亲力亲为，大有独木难支之感，他多次向校方提出补充教师的建议，均未能获得批准。1929年，研究院不得不宣布停办。

从1925年到1929年，清华国学研究院只办了短短4年，延聘的教师均为学界翘楚，营造出浓厚的学术氛围，以研带学创新教育方式，培养出许多优秀人才。研究院共招收了70多名学生，其中50余人后来成为中国人文学界著名学者。其开创的研究国学的新风气，对20世纪中国的学术发展产生了深远的影响，铸就了一段精彩的传奇。毫不夸张地说，如果没有四大导师及清华国学研究院培养出的大批优秀人才，20世纪的中国学术史①将缺失最重要的一页。

---

① 北伐成功后，北京大学暂时改名为国立北平大学北大学院。1929年北大复校成功，改回旧称"国立北京大学"。

1928年，北平大学北大学院聘请陈寅恪为历史系学生讲授佛教翻译文学和"蒙古源流"，此后他就奔走于北大与清华两校。1929年，清华国学院停办后，清华大学续聘陈寅恪为中文系和历史系合聘教授，哲学系也请他开设选修课，他陆续开设了唐诗校释、刘禹锡元稹白居易诗研究、魏晋南北朝史、隋唐五代史等多门课程，同时在中文研究所和历史研究所开设专题课程。横跨两校三系授课，激发了陈寅恪的上课热情，使他拥有了更大的发挥空间。他的课程内容精辟，而且极富启发性，他带领历史系的学生领略波澜壮阔的历史，引导中文系的学生感受作者的喜怒哀愁和人性的善恶美丑。他讲《长恨歌》，以杨贵妃入宫为切入点，一步一步考证历史，把学生带回到一千多年前，引导他们研究和思考唐朝的婚姻制度。

在清华大学教书时，陈寅恪的课堂上，不只有清华的学生，很多北大的学生也跑过来蹭课。陈寅恪的课堂上，不只是学生云集，也不乏慕名而来的知名教授，如朱自清、冯友兰、吴宓等人，北大的外教钢和泰也是他课堂上的常客，学生们经常开玩笑说"寅师为太老师矣"。此话虽是校园里的笑谈，却也十分贴切，后来便简化成称陈寅恪为"教授的教授"，越传越广。

20世纪初，中国正处于风云激荡、新旧交替的历史关口，伴随着社会转型带来的政治动荡，东西方文化也在中华大地上发生着激烈的碰撞，当年的学术界也因此分成两派。一派是熟读经史子集的本土派学者，他们笃信国学传统，认为洋派脱离国情，解决不了中国的现实问题；另一派学者大多有留学经历，接受过西方教育，他们觉得老派学者太过迂腐，视野狭窄，不了解现代科学的力量。两派常有辩论，互相瞧不起。但无论哪一派，对陈寅恪都尊敬有加。

清华大学的知名教授刘文典，学问高，资格老，恃才傲物，且快人快语，脾气倔强起来敢与"天王老子"对骂。傲气冲天的刘文典，提起陈寅恪，却是"十二分的佩服"。在西南联合大学任教期间，刘文典说："陈寅恪是真正的教授，他该拿400大洋（月薪），我该拿40大洋……"由此可以看出陈寅恪在教授们心中的地位。著名史学家傅斯年对他甚是推崇，声称："陈先生的学问，三百年来一人而已。"

陈寅恪潜心研究学问和教学，整理发表的著述日渐增多，学术声望也愈渐高涨，每有新的研究发现和学术成果发表，都会在学术界引起不小的震动。很多年后，陈寅恪的很多学生都成长为知名的学者或教授，他也成为一代国学大师，被尊为"中国最后一位鸿儒通才"。

三、坚持"四不讲"，实施自由教育

陈寅恪一身长袍，腋下夹着布包穿梭于来来往往的学生中，他的身影并不引人注目，但他的课，却是清华园里一道亮丽的风景。

课堂教学新思想

每次给新学生上第一堂课时,陈寅恪都会开宗明义地讲:"前人讲过的,我不讲;近人讲过的,我不讲;外国讲过的,我不讲;我自己过去讲过的,也不讲。现在只讲未曾有人讲过的。"

陈寅恪是这样说的,也是这样做的。陈寅恪讲课绝不拾人牙慧。比如他讲元稹的《悼亡诗》,讲到"惟将终夜长开眼,报答平生未展眉"时,他突然提出一个问题,为什么是"长开眼"?听课的学生一片茫然。他就从"鳏鱼眼长开"扩展开来,东汉刘熙所著的《释名》中说,鳏是指丧妻的人,而"鳏"字用"鱼"做偏旁,是指鳏夫忧愁得和鱼一样整日不闭眼。元稹用"长开眼"把自己比作鳏鱼,表明他终身不娶之意。他的观点令学生耳目一新,瞬间领悟了诗人藏于内心深处的情感。

陈寅恪教学不遵循固定的模式。他上课从不点名,也没有小考。学校对学生的学习有考查要求,大考是免不了的,但陈寅恪只是遵循学校的规章走个考试的形式,所有人都能及格,他也不以此成绩评判学生的优劣。

在学习和搞研究上,陈寅恪更关注内容而不拘形式,他对自己和对学生实行同样的要求。他留学欧美十余年,把所有的心思都用在了求知和研究上,对名和利等身外之物丝毫不以为意,所以刚回国时很多人误会他"学无所成"。但他并不介意,也不屑解释,他只用教学和研究成果说话，一切谣言和质疑便不攻自破了。

他对学生坦言：问答式的笔试，不是观察学习成果的最好办法。他每次都要求学生以短篇论文代替考试。但他有一个要求，即论文必须有新资料或新见解，如果资料和见解都没有什么可取之处，满篇都是陈词滥调，毫无新意可言，那样的论文写了也没有什么用处。他说，最好的测试方法是，学生听完课或看完书后要认真思考研究，到学期结束时，向老师提出一两个研究中遇到的问题。通过解答学生提出的问题，他就能大概了解到学生是否用心听讲或是否下功夫研究过，并据此给出成绩。学生知道第二种方法更利于检验他们的学习情况，但害怕自己提出的问题被老师认为很低级，会丢面子，所以大多数人都没有胆量尝试。

无论讲课还是指导学生，陈寅恪都非常强调新发现。他讲授历史研究心得时曾指出，根据历史典籍、诗词歌赋及其他资料证明历史的真相和事实，认识并研究这些事实，进而产生新的理解，或者新的见解，这才是研究和学习历史的意义。换句话说，从深邃浩瀚的宇宙空间到地球、人类、国家和民族，甚至到每个人，历史事实和真相的研究都非常重要，具有重新认识、反思经验和指导未来等多重意义。

陈寅恪开设的课程大多是自己的研究心得或发现，或者有过深入思考和感悟的内容。无论对要讲授的内容多么了解，他都非常认真地准备每一堂课。在备课之前，他会拟定本学期要讲的问题和内容,让助手帮着准备讲课所涉及的史料,他则严谨地校勘和考证每一条要用到的材料。上过他课的学生都知道,他非常尊重别人的研究成果和学术规范,如果讲课时引用了别人的观点或见解,每次都会说明引述观点的出处,如果没做特别说明,那一定是他个人的见解或研究成果。在事关学术规范的问题和原则上,他毫不含糊,从中不难窥探出陈寅恪为人、为学的品格。

读书育人新方法

学生都说他讲课引人入胜,他能从浩繁的文史资料中找出线索,条分缕析地详细讲解,把文、史、哲、宗教、古今、中外结合起来研究,互相印证,不断提出新问题、新见解。台下的学生像听故事一样安静地听他娓娓道来,其实这背后都是他辛勤备课的汗水。

陈寅恪曾经说过,即使每年开同以前一样的课程,每届讲授内容都必须有更新,加入新的研究成果、新的发现,绝不能一成不变。许世瑛回忆道:"他讲课都是讲他的心得和卓见,所以同一门功课可以听上好几次,因为内容并不相同。"陈寅恪讲课注意自然启发,学生说他"创见极多",他的"创见"都是辛勤备课和翔实考证之后的"新发现"。

陈寅恪著述和治学一样认真,严苛到一丝不苟,未经考据证实的观点绝不公开发表。每次有了新发现或新观点,他一定反复斟酌和考证，直至确证无疑，才会发表。比如1956年发表的《述东晋王导之功业》，从最初确定题目到最终撰写完稿，前后经历了二十余年的反复考证，分析东晋政治社会变动及文化融合，辨析当时政策的成因和影响，梳理对比相似的历史事件，透过纷乱繁杂的表象总结出具有普遍意义的历史规律。他精益求精，务求无懈可击的态度和耐心，无不令人肃然起敬。

陈寅恪经常跟学生强调发掘、使用原始材料的重要性。他指出，研究问题之前先把基本材料搞清楚，以原始材料为支点展开研究，否则得出的结论往往站不住脚。在这一点上，他和历史学家傅斯年的看法一样，坚持实事求是的原则。

他建议学生读书必读原著和经典，这样有利于更准确地理解原始材料。在德国留学时，有一次毛子水看他伏案苦读卡鲁扎的古英语文法书，奇怪地问他，有很多现代的英语文法书可以看，为什么还要费工夫读这种老书呢？陈寅恪说，正因为它老，所以才读它。毛子水后来省悟，任何一门学问，都有几部经典好书，它们出自大家手笔，其原创和基础性的观点流传于世，无论经历多少个世纪都有发人深思之处。通过大量阅读经典典籍，陈寅恪得到很多启发，激发了他的新想法，进而深入研究其新的价值，这些都是他"创见"的源泉。

陈寅恪读书的兴趣极广，他对文学、哲学、语言、社会、政治、经济、历史类的书籍都有涉猎，甚至还读过德文原版的《资本论》。他建议学生博览群书，多读文、史、哲等学科的典籍，从中获取有益的思想和观点。陈寅恪虽然涉猎庞杂、博览群书，但是一直主张"不尽信"书而是要通过自己的思考判断其价值、对错此外陈寅恪还主张"不动笔墨不读书"。陈寅恪读书有随手记录的习惯，他在书上把自己的思考、校勘、批语随手记在空白处。

陈寅恪讲课深入浅出，旁征博引，风趣幽默而又别出心裁，学生叹服他渊博学识和敏捷才思。他讲课虽多平铺直叙，但听者并不感到枯燥，反而觉得是一种享受。他讲历史课时"以诗证史"，用诗词歌赋考证历史，透过诗词作者的喜怒哀愁体验历史现实；讲中文课时"以史说诗"，把诗词和作者放回到宏大的历史背景中，感受理想与现实的矛盾。他喜欢闭着眼睛讲课，仿佛自己穿越了千年历史，置身于真实的历史情境中。

1932年，清华大学中文系的刘文典教授请陈寅恪代拟新生入学考试的试题，他别出心裁地以"对对子"为题，难哭了一众考生。

陈寅恪出的上联是"孙行者"，要考生对下联。此题看似简单，实则不易，得分者更是寥寥无几。题目只有三个字，考生看完题后一脸茫然。"孙行者"是人们熟悉的"齐天大圣"孙悟空，下联当然也应该是个人名，可这个人是谁呢？考生们完全乱了章法。大多数人循着《西游记》的故事寻找线索，给出的答案五花八门，包括"猪八戒""唐三藏""沙和尚"等人名，还有"子去也""我来了"之类的答案，陈寅恪看了直摇头。这些答案显然都没领会他的深意,即使勉强通顺也不理想,与他给定的标准答案——祖冲之(南北朝时期的数学家)和王引之(清代学者)——相去甚远。

在众多考卷中,有三个答案令陈寅恪满意。前两个答案正是他给定的祖冲之和王引之,他面露满意之色,非常赞赏这两位考生的文字功底和对题意的理解。当看到第三个答案时,陈寅恪的眼前不由地一亮,顿时觉得前两个中规中矩的答案略显逊色了。这位考生对的下联是"胡适之","胡适之"是当时的知名学者,"孙行者"是古代的神话人物,"胡"对"孙"是猢狲的谐音、"适"对"行"都是动词;"之"对"者"都是虚词。这个答案极为精巧贴切,对仗工整,既合乎文法又诙谐有趣。陈寅恪大为赞赏,挥笔给了个满分。这位考生后来成为中国文字、音韵和古文献领域的专家,一代国学大师——周祖谟。

这道考题曾经引起了不小的争议,有人认为这是把考试当儿戏,有人觉得这道考题有些"无厘头"。陈寅恪解释,楹联是中国的传统国粹之一,他就要通过"对对子"的形式检验考生的古文基础和国学修养。这道题只有三个字,却暗藏玄机,十分考验学生的语言功底,不仅平仄要对仗,意思也要对仗。众人恍然明白了他的用意,所有质疑的声音都平息了。

陈寅恪上课时总是不苟言笑,但他并不缺少幽默细胞。一次,他与学生聊天,幽默地说,你们何其幸运,能成为"南海圣人再传弟子，大清皇帝同学少年"。学生们没反应过来，他又解释，梁启超是"南海圣人"康有为的学生，各位同学可不就是他的"再传弟子"吗？王国维教过已经退位的末代皇帝溥仪，得过"南书房行走"的官职，所以大家都是大清皇帝的同学。在座的学生全都哄堂大笑，无不赞叹他才思敏捷。

1928年，罗家伦随北伐军进入北京，到清华学校拜访陈寅恪，并送他一本自己编写的《科学与玄学》。陈翻过之后，当场回赠他一副对联：不通家法科学玄学，语无伦次中文西文，横批是：儒将风流。陈寅恪的这幅对联不但将"家伦"二字嵌入联中，而且语带双关，在横批中将罗家伦从一个书生而官拜少将，并娶了个漂亮的媳妇的事也点了出来。罗家伦听后，不禁哈哈大笑。

接触过陈寅恪的人，都钦佩他惊人的记忆力。他之所以具有超常的记忆力，首先在于他超乎常人的"用心"。他从小爱看书，许多典籍都能背诵。一次金岳霖教授去他家拜访，恰好有一个学生来找陈寅恪问一个材料，他说，你到图书馆去借某一本书，翻到某一页，那一页的页底有一个注解，里面有你需要的材料。金岳霖忆及此事时说："寅恪先生记忆力之强，确实少见。"

他讲课时引用知识，从不用翻书，张口就来，而且连出处都讲得清清楚楚。即使双目失明后，他仍能凭记忆准确地指导助手给他阅读数百种资料，丝毫不影响他备课、著书和指导学生，令人惊叹不已。写作《柳如是别传》时，除一部分资料由学生搜集提供外，剩下的史料全部来自他胸中的万卷储备。陈寅恪凭借超人的记忆，在学生、朋友、同事和助手的帮助下，依靠耳听（由别人帮他读资料）和口述（由助手帮助记录）的方式，历时十余年，终于完成了这本80万字的巨著。

从清华大学到中山大学，从翩翩才子到迟暮老者，陈寅恪凭借深厚的国学底蕴、广博的见闻、敏捷的才思和独特的个人魅力，即便身处学者辈出的时代，仍能卓然独立，成就其"教授的教授"之大师地位。

"独立之精神，自由之思想"出自陈寅恪为王国维纪念碑所撰写的，这句话，也浓缩了陈寅恪一生的学术精神和价值追求。

第六章 感天动地师生情

煙臺張裕釀酒公司

不夜城

陈寅恪从教几十年，经他指导和提点的学生众多，其中很多人成为历史、语言、文献等领域的专家学者，影响和教育了几代史学工作者。他们学识渊博，尊师重道，他们一生守护、践行的精神、传统和风骨，至今仍令人赞叹折服。

一、季羡林："蹭"出来的师生情

在陈寅恪的学生中，最负盛名的当数季羡林先生了。

1930年，季羡林考入清华大学时，星光四射的国学研究院早已停办，四大导师中的王国维和梁启超两位早已仙去，赵元任常年不在校，陈寅恪转任历史系、中文系和哲学系合聘教授，还兼任中央研究院历史语言研究所和故宫博物院等处的研究职务，研究和授课压力很大。除了在校园里错肩而过，陈寅恪几乎不会与西洋文学系的季羡林有太多的交集。

年轻时期的季羡林

按照正常的发展轨迹，季羡林受教于西洋文学系，研究莎士比亚、歌德、塞万提斯等西方作家，毕业后可能会走上教育或文学创作之路，最终成为一位成绩卓著的教授和作家。这两点他都做到了，甚至远超"卓著"的程度，还成为梵文泰斗。

初到清华的季羡林正是青春年华，对每天都能在校园里"偶遇"的知名教授们充满了仰慕之情，希望自己未来也能成为像他们一样桃李遍地的大教授，对他们传授的知识更是忍不住地好奇，为此他经常跑去蹭其他院系知名教授的课。

有一次，季羡林去蹭国文系冰心先生的课，还被"赶"出了课堂。冰心早已是名满天下的作家，人如其名，上课时严肃认真。她一上课，看到教室里挤满了学生，马上就明白多出来的学生都是来蹭课的，于是当堂宣布，凡是没选修她课的学生不能再来。于是，季羡林被冰心赶出了教室。当然，大多数时候，他都能顺利蹭到课。这得益于清华大学宽松灵活的学制和教学计划。

季羡林以蹭课的方式听过很多教授的课，蹭得最多的还是陈寅恪先生的课。当时陈寅恪开的课是"佛经文学翻译"，他选择《六祖坛经》作为参考教材，要求每个学生都去买一本。为了买到这本书，季羡林跑遍城内书店都没找到，最后在一座寺庙里买了一本。

生活从来不缺少偶然和惊喜。年轻的季羡林没有意识到，陈寅恪的一堂课将改变他一生的学术追求。直到多年之后，他依旧清楚地记得陈寅恪上课的情景：他总是拎一个黄布包，上课时不多说废话，也没有任何开场白，先在黑板上写下讲课要用到的史料。然后坐在椅子上闭目凝神，由一个字或一句话开始，引经据典地考证研究，最后提出自己的见解。他抽丝剥茧、鞭辟入里的分析，使季羡林茅塞顿开，仿佛"走在山阴道上，盘旋曲折，山重水复，柳暗花明，最终豁然开朗"，把他引上了一条治学的阳关大道。季羡被陈寅恪的风采和佛经文学的魅力所吸引，从此成为他课堂上的常客。

除了上课，季羡林与陈寅恪的接触并不多。有一次，在校内的林荫道上看到老师匆匆而行的身影，腋下夹一个装书籍资料的土布包裹，一身朴素无华的长袍。这一幕像照片一样深深印在了季羡林的脑海里，老师博学、沉静和朴实的形象，以及实事求是和认真严谨的学风无不触动他的内心，这就是他要成为的样子。

在清华园度过的四年里，季羡林按部就班地修完了西洋文学系的所有课程，熟读莎士比亚、歌德、但丁等的著作，也翻阅过詹姆斯·乔伊斯的《尤利西斯》和马塞尔·普鲁斯特的《追忆似水年华》，顺利获得了学士学位。一切都和最初设想的一样，他带着装满西洋文学作品的行李回到自己的母校——济南高中担任国文教员，成为一位普通的中学教师。如果生活就这样波澜不惊地继续下去，也许他将展开笔墨书写见闻感悟之路，也许会成为声名显赫的著名作家。

1935年，季羡林的命运发生了转折。事实上，这次的命运转折始于两年前冯友兰的欧洲之行。

1933年，时任文学院院长的冯友兰在赴欧洲讲学和游历期间，代表清华大学和德国签署了交换研究生的协议。但因时局不稳及沟通不畅等诸多因素干扰，此事一直拖了两年才落实下来。留学生名额出来时，季羡林已经毕业回家，失去了推荐出国学习的资格。和陈寅恪一样，冯友兰也是惜才爱才之人，清华大学采纳了他的建议，让季羡林回校参加考试，季羡林不负众望，用实力赢得了赴德留学的机会。

同年9月，季羡林远赴德国留学。这一离开就是十年，这次留学开启了季羡林学术道路上最重要的转折点，他放下了歌德，读起了释迦牟尼。这个转变来自他蹭来的"佛经翻译文学"课，在那个课堂上，陈寅恪为他打开了一扇窗，带他领略了异域文明的精彩，他被佛经翻译和陈先生的治学方法深深吸引。

机缘巧合之下，他来到哥廷根大学哲学系，主修印度学，师从恩斯特·瓦尔德施米特教授学习梵文、巴利文等。有一次与老师闲谈，他惊讶地得知，现在的老师瓦尔德施米特竟然是陈寅恪先生在柏林大学的小师弟，两人都师承著名的考证大师海因里希·吕德斯。他事后与友人感慨，陈先生不仅是他的大学老师，也是他走上佛学研究的引路人。

1937年，季羡林兼任哥廷根大学汉学系讲师。同年，日本制造了七七事变，发动全面侵华战争，北平lunxian后，陈寅恪毅然转赴西南联大，开始了一段颠沛流离的从教历程。

季羡林的情况也不好，德国也笼罩在战争的阴云里。庆幸的是，他的两位老师师出同源，考据和研究方法大致相同，在瓦尔德施米特教授的指导和熏陶下，季羡林可以偶尔重温陈先生的教导，在精神上保持着和老师的联系，以慰精神之苦。

1941年，季羡林获得博士学位时，战火已燃遍整个欧洲，一时阻断了季羡林的归家之路，他又跟随艾密尔·西克教授学习吐火罗文，并继续自己的梵文研究。此时，很多教授和学生都被征从军，空空落落的校园里很难见到几个熟人，印度学研究所和汉学研究所都归季羡林一个人管理，馆藏的数万册珍贵图书随他翻阅。阴沉空寂的研究室里，只有他孤零零一个人的身影，季羡林埋头古籍堆里，仿佛这世界一片祥和，无须他劳神忧虑，累了就仰靠椅背，思绪被拉回到现实世界，他只能期盼残酷的战争早日结束，神思万里之外的祖国、亲人和师友。

1945年8月15日，日本政府宣布无条件投降。同年秋，陈寅恪应邀赴牛津大学任教，顺路去伦敦圣马利亚医院治疗眼疾。他的右眼视网膜1937年就出现脱落的情况，限于医疗条件，一直没有治好。经英国著名眼科专家斯图尔特·杜克·埃尔德诊治，并主刀做了两次手术，陈寅恪的视力略有改善但未能复明，依然模模糊糊看不清东西，他失望之余辞去了牛津大学的聘约。

伦敦一行，陈寅恪没治好眼病，却收到了一个意外的惊喜——一个来自德国哥廷根大学的邮包。季羡林在得知陈寅恪在英国的消息后，急忙给老师写了一封长信，汇报自己十年来的学习情况，随信附上了他在哥廷根科学院院刊及其他刊物上发表的一些论文。看过季羡林的来信和论文，陈寅恪激动不已，当年蹭课的旁听生，如今已成长为佛学和梵文学专家，他为自己的学生感到骄傲。

陈寅恪立刻给他回信，非常赞赏季羡林在梵文研究上获得的成就，他简单介绍了自己的近况，以及不久即将启程回国的打算。同时，他推荐季羡林去北京大学任教，准备回国就向北大校长胡适、代校长傅斯年和文学院长汤用彤等先生介绍他的学习情况。收到老师的信，季羡林也难掩激动之情，尤其感谢老师的盛情举荐。师生二人在远离祖国的欧洲重新取得联系，约定北京再见。

1946年春天，在南京俞大维官邸的客厅里，阔别多年之后，陈寅恪和季羡林这对师生面对面坐在一起，畅谈这些年来的详细情况。陈寅恪十分高兴，叮嘱季羡林到鸡鸣寺下的中央研究院去拜见北大代校长傅斯年先生，临别时还特别嘱咐他带上在德期间发表的论文，可见他惜才之深、爱徒之切。

同年秋天，季羡林入职北京大学文学院，一周后，他又接到汤用彤院长的通知，他被聘为正教授，兼东方语言文学系主任。在他的带领下，北大东方语言文学系自此诞生。

安顿好学校的事情，季羡林便去清华园拜见陈寅恪。当时从北京城去一趟清华跟现如今的一次短途旅行差不多，沿途几十里全是农田，时有拦路抢劫的劫匪出没。但是，此后的三年里，季羡林常常往返于这条路上。他知道陈先生最喜欢一位天主教神甫亲手酿造的栅栏红葡萄酒，他曾特意到神甫的静修院去买过几次，又长途跋涉送到清华园。

他们师生见面会谈到很多话题，谈治学最多，偶尔也会谈到政治，但极少。陈寅恪先生绝不是一个"闭门只读圣贤书"的书呆子，他继承了中国"士"的优良传统：天下兴亡，匹夫有责。这在他的著作中就能看出，他研究隋唐史，表面上看似乎是满篇考证，骨子里谈的都是成败兴衰的政治问题。他们也会谈论当代学者和青年学人，陈寅恪先生当然对每个学者都有自己的看法，但他只谈优点，一片爱护青年学者的热忱。

有一次，季羡林把自己写的一篇论文《浮屠与佛》读给陈先生听，他想听听老师的点评。陈寅恪听后大加赞赏，随后就把这篇文章推荐给《中央研究院历史语言研究所集刊》。能登上当时最权威的刊物，季羡林大感意外，顿有"身价十倍"受宠若惊之感。多年后，他又写了一篇《再谈浮屠与佛》，补充、引入了大量的新资料，重申早前的论证，得到学界同行的赞许，他也自感不负老师的厚望。

有时，季羡林也会带老师出门散心，或者招一众师兄弟与先生同乐。有一年春天，季羡林约了周一良、王永兴、汪篯等人一起请陈寅恪去中山公园欣赏紫藤。从英国回来后，陈寅恪的眼病愈渐严重，几近失明，但对于大片的藤萝还能影影绰绰看到一团紫光。在学生们的陪同下，陈寅恪的兴致也很高，与学生们饮茶赏景、谈笑风生。在兵荒马乱、朝不保夕的岁月里，这也许是陈寅恪难得的愉快时光。

新中国前夕，国民党政府的经济已经完全崩溃，物价涨上了天，甚至买粮的钱的重量比粮食本身还重，而且物价每天每小时都在涨。在这样的危机之下，陈寅恪也不能幸免。到了1947年冬天，他连买煤取暖的钱都没有了。季羡林把老师的窘况告诉了当时北大的校长胡适，但陈寅恪拒绝了胡适馈赠的美意，坚持以卖一批东方语专业藏书给北大为交换条件。胡适拗不过他，便让季羡林去他家装了一汽车佛教和东方语言学的珍贵书籍。在胡适的授意之下，北大支付的书款不是每天都在贬值的法币，而是比银圆还硬通的美元。陈寅恪只收了2 000美元，这个数目在当时虽不算少然而同书比起来，实在微不足道，只一部《圣彼得堡梵德大词典》的市价就远超这个数目了，更何况巴利文藏经、蒙苦文蒙古图志、突厥文字典等书了。陈寅恪卖这一批书相当于半捐半售的性质，他对于金钱的一介不取的捐介性格，由此可见一斑了。

1948年12月，战火逼近北平，城外的炮声越来越清晰，在俞大维和胡适的安排下，陈寅恪一家匆匆登上了飞往南京的飞机。他们的走得十分匆忙，除了随身的文稿箱，多一套冬衣都没有带。

1949年1月15日，北平和平解放。次日，陈寅恪乘坐招商局海轮秋瑾号南下广州，接受岭南大学校长陈序经的聘约，担任该校历史系教授，并在此度过了最后的20年。

1951年，季羡林随文化代表团访问印度和缅甸，为了将重要的发言稿译为英文，他会在广州停留数日。得知这一行程安排，季羡林兴奋不已，岂能放过这么好的拜会老师的机会。

在岭南大学老师家中，季羡林与老师相谈甚欢，各叙两年的离别之情,以及新中国成立后的际遇和学术研究情况。楼前是一片很大的草坪,中间铺了一条白色的小路,掩映在碧树绿草间别有一番意趣。师母殷勤招待他,她说陈先生的眼病日益严重,现在只能看到眼前白色的东西,门前的白色小路就是有关领导特意请人修的,方便陈先生散步之用。这条路,就是今天中山大学里著名的"陈寅恪小道"。

这是季羡林最后一次面听老师的教诲,此后世事变幻,虽有书信往来,却没机缘当面向老师请教了。

1969年10月7日,陈寅恪于广州辞世。彼时季羡林正在延庆,只能在心中默默缅怀陈先生的教诲之恩了。

二、汪篯:朝夕相处的深情

在师从陈寅恪研习隋唐史的诸多学生中,有一个人曾经与他朝夕相处两年多,协助他完成名著《元白诗笺证稿》,尽受老师治史方法的真传,深得陈寅恪欣赏,却因一事不慎被他严词斥责而"逐出师门",他就是北大历史系教授、著名的隋唐史专家汪篯。

汪篯,字述彭,1916年出生于扬州一个书香门第,自幼聪颖好学。1934年,汪篯考入清华大学,他的入学成绩在新生中排名第二,数学考了一百分,如此惊艳的成绩,他却做了一个令人不解的决定,弃理从文,选择就读历史系。他的选择可能错失了成为科学家的机会,却因此与恩师陈寅恪结下了深厚的师生缘分,汪篯凭其严谨的思维逻辑深得老师的欣赏，最终成为一位杰出的隋唐史研究专家。

1937年7月7日，日本发动全面侵华战争，北平、天津相继沦陷。汪篯先跟从陈寅恪等清华师生迁往长沙，后又随校参加"湘黔滇旅行团"，由长沙步行至昆明，进入西南联合大学，在颠沛流离的南迁途中继续学业。

1938年秋，汪篯从清华历史系毕业，因其学业优异，被推荐到中央研究院历史语言研究所，跟随陈寅恪从事学术研究，并在继续在西南联大学习。为了照顾他的生活，时任中央研究院史语所所长的傅斯年，专门批给他每月三十元的补助津贴，这个待遇在当时都是少有的。

1939年，汪篯考取了同年恢复的北京大学文科研究所的研究生，导师仍是陈寅恪。在西南联大时期，清华、北大和复旦三校的研究生教育各自独立管理，但导师互有兼任，所以陈寅恪也应聘为北大文科研究所导师。

成为陈寅恪的研究生之前，除了正常上课，汪篯与老师接触得并不多，甚至他自己可能都没有确定未来的职业或学术选择。考入北大文科研究所，是汪篯第一次正式跟随陈寅恪做隋唐史研究，他潜心钻研陈寅恪的《唐代政治史述论稿》等著作，深入领略老师的学识和学习治史方法。在此期间，他完成了硕士论文。陈寅恪也很赞赏他的勤奋和努力，悉心指导他拓宽视野，进行自己的研究。汪篯在抗战期间写的一些论文，虽然都带有陈寅恪的影子，但是其才华已初露头角。

在陈寅恪离开西南联大期间,由兼任文科研究所和史语所副主任的郑天挺接任汪篯的研究生导师。汪篯人很聪明,但起居和作息缺乏节制,有时好多天不看书,有时又好多天挑灯夜读。好在他聪慧好学,且勤于钻研,他的这股劲头深得郑天挺欣赏。

1945年8月15日,日本宣告无条件投降,联大的师生奔走相告,一派欢欣鼓舞的景象。

1946年暑假,西南联大正式解散,清华、北大、南开各自北归复校。同年10月,陈寅恪又回到清华大学任教。

此时,陈寅恪的眼疾日益严重,仅能看到眼前朦胧的光影,只能在助教的帮助下工作。但他原来的助教徐高阮另有他事,未能按时来清华。无奈之下,陈寅恪给北京大学秘书长郑天挺写信求援,在徐高阮到任之前,想请北京大学研究助教王永兴过来帮他打理教学工作。王永兴是他在北大文科研究所带的研究生,在隋唐史方面的造诣深厚。

收到信后,郑天挺立刻想到一个人,远在东北的汪篯。抗战胜利后,史语所自李庄返迁南京后,汪篯并没有留在史语所工作,而是远赴吉林长白师范学院教书。才过了一个冬天,他就后悔了,东北的冬天经常在零下三十几度,令他这个南方人极度不适,而且教学工作忙乱,几乎没有专心做研究的时间。他深恐自己被这样的环境折磨得心力交瘁,终因精神疲惫而一蹶不振。为此,他曾多次给当年在北大文科研究所时的导师，现在主持北大史学系的郑天挺写信，希望能回北大教书。他在信中表明名义、待遇等在所不计，请老师遇到机缘时给予提携和帮助。

郑天挺了解汪篯的学术能力，也知道陈寅恪对他的评价很高，相信派他去做助教最合适，但远水解不了近渴。为感谢陈寅恪对北大文科研究所的情谊，也为了照顾他的身体和学术研究，郑天挺先把王永兴调到清华大学，解决陈寅恪的燃眉之急。同时，他利用身兼北京大学秘书长并代史学系主任的职务便利，开始寻找合适的机会把汪篯调回北京大学。

1947年，31岁的汪篯做出了一个重大的决定，这个决定奠定了他以后的学术研究基础——辞掉吉林长白师范学院的教职，孤身回到北京，自愿在陈寅恪身边协助他工作。半年后，在陈寅恪、郑天挺和傅斯年等人的帮助下，汪篯被聘为北京大学史学系副教授，并以此名义继续做陈寅恪的助手，跟随老师研究隋唐史。他不在北大任课教书，薪资却全由北京大学支付，这个安排一直被人看作一件很奇怪的事，其中的缘由也一直不为人理解。

其实，郑天挺这样的安排，于公于私都藏了点小小的"私心"，一是借此机会为北大史学系培养人才；二是他把陈寅恪的得意弟子送到他身边，既帮了老朋友，也成全了汪篯。郑天挺深知这个职位不是随便一个人都可以胜任的，陈寅恪在西南联大时就提起过对汪篯的欣赏，他熟知隋唐史，分析问题思路清晰，论证逻辑缜密。此外,陈、郑两家是世交,二人的私交更深。在西南联大时,二人多年同住一楼,工作上一起探讨学术问题,生活上互相扶助。熟知这段历史的人,大概可以理解为什么汪篯在北大支薪却去清华上班的"怪事"了。

此后的两年多时间里,汪篯吃住都在恩师家中,与恩师朝夕相伴。汪篯极珍惜再次追随老师学习的机会,他比在昆明和李庄时更用功、用心了许多,并得到了老师治史方法的真传。这个时期,汪篯不仅协助陈寅恪著述、修改和校正书稿,而且能提出自己的见解,很多都被陈寅恪欣然接受和采纳。

他抓住了与老师相处的珍贵时光,在协助陈寅恪著述的期间,深切领受老师的研究思想。

这两年的时间,对汪篯的学术成长是至关重要的。经历了数年的社会历练,他不断检验和反思自己以往所学的知识和治学方法,使他有了更多的研究自觉性,相比学生时代,他对史料的选择、取舍、分析、鉴别等有了更强的驾驭能力。所谓"名师出高徒",这样一位高度自觉又有良好素养和天赋的青年人,能与陈寅恪朝夕相处,耳濡目染他治学治身的言行,其学术精进的迅捷可想而知。他此后发表的论文,不仅体现了陈寅恪严谨的治史思想,而且极富独创性的见解,奠定了他在隋唐史研究领域中的学术地位,得到国内史学界的公认。

汪篯曾协助陈寅恪完成《元白诗笺证稿》,他全心投入,与老师商讨斟酌,时常查阅资料或校稿到深夜,因此耽误了自己的论文。1948年5月,陈寅恪给郑天挺写信解释此事,并对汪篯的努力和才华赞赏有加,"弟深知其深宵攻读,终日孜孜,而察其史料之熟,创见之多,亦可推见其数年来未尝稍懈,诚足当所谓好学深思者。"能得到陈寅恪如此夸赞人没有几个,可见他对汪篯寄予的厚望,早已将其视为可成大家之才了。

在众多学生中,汪篯可能是他最喜欢的弟子之一。陈寅恪的女儿陈美延回忆时说:"我父亲喜欢人是有一个标准的,一定要数学好,思维逻辑要清楚。汪篯先生的数学特别好,所以他就可以无话不谈。"事实上,陈寅恪的考证和研究与数学一样,也是一个精确推导的过程。

1948年12月中旬,北京城外的炮声再次响起,陈寅恪带着家人进城暂避,将清华园的家托付给汪篯照看。汪篯没有想到,他与老师匆匆一别又是五年。陈寅恪也没想到,他这一走便永远离开了清华园,再次踏上南迁之路。离开清华园的第二天,陈寅恪在胡适、俞大维等亲友的帮助下乘飞机离开北京,后接受岭南大学校长陈序经的聘请,担任该校历史系教授,此后便成"岭南人"。

离开北京后,陈寅恪的故交旧友、清华大学及新成立的中国科学院都表达过邀请他北返的意思,但都被他婉言谢绝。吴晗和叶企孙代表清华大学校务委员会邀请他重返清华园,他以与岭大学有约为由拒绝。之后不久,中国科学院副院长陶孟和给在岭南大学任教的梁方仲写信，请他向陈寅恪转达邀其出任中国科学院历史研究所所长，也被陈寅恪婉拒。

1953年，中科院历史研究所决定扩大，成立三个研究所，即第一所研究先秦历史，由院长郭沫若兼任所长；原来的近代史所改为第三所，由范文澜任所长；第二所研究秦汉以后明清以前的历史，拟请陈寅恪担任所长。为了请陈寅恪返京赴职，范文澜找到他早年的学生、时任清华大学教授的周一良，请他给老师写了一封信，代其表达对陈寅恪的致意，但发出的信石沉大海，没收到任何反馈。就在郭沫若和范文澜左右为难之际，有人推荐了陈寅恪曾经的学生和助手，北京大学历史系副教授汪篯，由他南下广州劝说陈寅恪北返。

此时，汪篯正在北京马列学院学习，接到任务后，他信心十足地踏上了南下的旅程。汪篯深信自己一定能把老师请来，他与老师朝夕相处两年多，深受赏识，感情非同一般同学和助手可比，他有信心劝说恩师北返。

1953年11月21日，汪篯怀揣中国科学院院长郭沫若、副院长李四光的亲笔信，带着满腔热情和志在必得的信心到达广州。临行前，周一良曾劝其不要太过乐观，见到老师一定要谨言慎行。

1952年全国院校调整后，岭南大学并入中山大学，陈寅恪一家搬入岭南大学康乐园一号。他像五年前一样在清华园，毫不见外地住进了陈家。

当晚，汪篯向老师说明来意，劝他接受委任。令他意外的是，师生二人话不投机，昔日相谈甚欢的场景一去不返，勃然大怒的陈寅恪竟脱口说出"你不是我的学生，给我滚出去！"的激愤之语。遭此当头痛斥，汪篯突然意识到大事不妙，只好灰头土脸地搬到中山大学招待所暂住。

第一次谈话不欢而散后，陈寅恪就不再见汪篯了。后来的几天，汪篯做过许多亡羊补牢式的挽救，并在师母的劝说调和下，在汪篯临走之前，陈寅恪与他做了一次长谈，算是对他此行的正式答复。

汪篯知道自己言语冒失触怒了恩师，只好带着沮丧与深深的遗憾踏上归途。他知道，故都北京再也见不到恩师那孤傲的身影，此次与恩师一别或成永诀。

广州之行是汪篯心中永远的痛，几十年的师生情，不可能因老师一句怒斥而断绝。作"说客"失败后，汪篯仍挂念老师陈寅恪。凡有历史学会在北京举行，汪篯就与中山大学代表联系，让其捎带北京风味食品给老师，并指点哪种蜜饯是老师最喜欢吃的。

从广州回来后，他专注教学和研究，总是不自觉地向学生流露出对老师陈寅恪的敬意，以及对他治史方法的肯定。1960年前后，汪篯发表了数篇极具开拓性的学术论文，进入他的学术高光时期。他还作了一次关于唐太宗的学术报告，这是新中国成立以来最全面、详细评价唐太宗一生功过的长篇学术报告。

作为一位严谨的学者，汪篯在隋唐史教学和研究方面的成就，是史学界公认的。他像自己的老师一样,围绕教学开展学术研究,不断以自己的研究成果丰富教学内容,开阔学生的视野,启发学生思考。而教学中不断提出的新课题,又促使他的研究领域不断扩大,步步深入。他从不孤立地讲经济、政治或思想文化,而是给学生呈现一部鲜活的历史。他的这种努力和追求,无不是对老师优良学风的继承和发扬,也是对恩师培育之恩的回报。

三、刘节:风骨传承的弟子

陈寅恪的诸多学生中,若论学术成就,可说各有所长,不分高低,可若论文人气节和人格操守,则历史学家刘节必然榜上有名。

刘节

刘节(1901年—1977年),字子植,号青松,浙江省温州府永嘉县(今温州市)人。刘节早年毕业于浙江省立第十中学(今温州中学),曾在十中图书馆当管理员至1922年。1923年考入上海国民大学哲学系。

1926年，刘节以优异的成绩考入清华大学国学研究院，师从王国维、梁启超和陈寅恪研习中国哲学史。刘节的入学成绩排名第二，第一名是河南学生谢国桢，同届的还有陆侃如、王力、姜亮夫等人。清华国学研究院连续两届录取的第一都是河南人，第二是浙江人，一时传出"河南出状元，浙江出榜眼"的佳话。

刘节为人谦和有礼，待人不分高低贵贱，他既有南方详谦和友善、宽仁大度的一面，也有刚正不阿、豪爽义气的一面，颇有其父之风。刘节的父亲刘景晨是一位有抱负、重气节的知名学者，民国初年当选为国会众议院议员，联合浙江籍议员坚决反对曹锟贿选总统，在永嘉县城闹米风潮中仗义执言，投身新式教育，并为保护文物而奔走操劳。父亲对刘节的启蒙影响很大，从小就教他文学、哲学、历史知识，并用自己的言行潜移默化地影响刘节。

进入清华国学研究院，是刘节与陈寅恪接触的起点。陈寅恪对刘节的影响，不仅体现在学术上，更体现在文人风骨和重道守节上的熏陶。作为知名的历史学者，刘节也因其深厚的道德底蕴和文人气节而受到后世的尊敬。所谓"节"者，气节也，这或许就是父亲给他取名为"节"的原因吧。

1927年6月，国学院导师王国维自沉于颐和园昆明湖，刘节参与组织追悼纪念活动。当日，清华大学的曹云祥、梅贻琦、吴宓、梁启超、梁漱溟，以及北京大学的马衡、燕京大学的容庚教授等人全都向静安先生三鞠躬致以最后的敬意。

而陈寅恪教授到场时,他身着庄重的玄色长衫,脚踩软底布鞋,缓缓撩起长衫的下摆,双膝跪地,神情肃穆地与王国维先生叩首作别。在场的所有人都被他的举动惊呆了,恍然醒悟后,校长、教授、朋友、学生,全都跟在陈教授身后跪拜叩首,与王国维先生永别。

刘节,此时只是跟在教授们身后的一名普通学生。膝盖着地的那一刻,他明白这才是与王先生告别的最好方式,才是最庄重的礼仪。

许多年之后,在岭南大学,每逢传统节日,在陈寅恪教授家里,历史系主任刘节教授身着一袭整洁的长衫,软底布鞋,喊一声"先生",撩起长衫下摆,叩拜行礼。在刘节教授庄重的叩拜礼中,年轻的学子们知道了两位教授的师生缘,也知道了1927年震撼刘教授心灵的那一幕。刘节教授用庄重的传统方式表达对老师的尊敬和感恩的同时,也继承了老师的精神和思想,再诉之于课堂,传承给新时代的学子。

1929年,在刘节等学生的请求下,陈寅恪,写下了《王观堂先生纪念碑铭》,用"独立之精神,自由之思想"赞誉王国维的学术和人格。此文在刘节的思想深处打下了不可磨灭的烙印,影响了他一生的治学和为人。几十年后,他重读此文,始觉恩师既是纪念王国维先生,也在申明自己的文化精神。

从国学研究院毕业后,刘节出任南开大学讲师,两年后转任河南大学文学教授。1931年回到北平，任北平图书馆编纂委员会金石部主任，从事古代器物和文献的考释工作。直到抗战爆发前，他与陈寅恪同在北平，经常就研究课题向老师请教，并当面倾听老师的教诲。

1931年9月18日，沈阳北大营的炮声传遍了神州大地，日本侵略者悍然发动侵略战争，东北告急！九一八事变之后，陈寅恪走出书斋，与北平学界一道投入抗日救亡活动，他与顾颉刚、蒋廷黻等人联名发表《二十年武力厉行对日经济封锁》，向国民党当局请愿，请求政府坚决抵抗，表达绝不妥协的信念。此后，清华大学历史系讲师吴其昌携夫及弟弟吴世昌，绝食晋京（南京）请愿……刘节、蒋天枢等人与老师奔走呼吁，甚至登报寻找吴其昌，劝其先"复食"，并组织清华请愿团南下，倾力为全民抗战呐喊主张。

在空前深重的民族灾难、国家危亡之际，原本埋首书山的学者们，此刻或激奋或哀沉，或行动或呼号，都在表达对日寇侵华的愤恨，都在忧思国家民族的未来。陈寅恪也走出校园，带领刘节、蒋天枢等爱徒，与学界同人承担起知识分子的"救亡之责"，他们不但在教育界、学术界内奔走相告，合务向民众与政府呼吁：抗战救亡已刻不容缓。

1937年7月，七七事变爆发，在日军直逼平津之际，陈寅恪的父亲散原老人义愤绝食，溘然长逝。治丧完毕，陈寅恪毅然随校南迁，在战火中坚持教学与学术研究。

抗日战争爆发后，刘节离平赴沪，任上海大夏大学教授。1938

年冬，陈寅恪推荐他到中央大学任研究员，他只身自上海辗转香港、越南、昆明、贵州等地抵达重庆，任中央大学研究员。1939年元旦，刘节登门拜访师母唐篔，得知老师陈寅恪接受了牛津大学汉学教授的聘约，将于暑假后赴英就职。后因德国对英国开战，以及日寇侵占香港，交通阻隔而未能成行。

1月13日，刘节来到昆明靛花巷的中央研究院拜访老师，并与吴宓、李济、浦江清、王力等清华时期的师友相见。由于日寇步步紧逼，他们历经坎坷搬迁到西南一隅，此时重逢，感慨良多。除了学术研究，他们非常关注日寇铁蹄下北平百姓的悲惨生活，以及留在沦陷区的学者的情况。在这次聚会上，刘节听说自己的岳父钱稻孙在为日伪政府做事，做了新民学院的副院长。他的内心波澜起伏，既愤慨又尴尬。四年前，刘节与钱澄（钱稻孙之女）婚后的答谢宴会上，老师陈寅恪、同学王力及众多南迁的学者友人都位列席中，如今物是人非，他不由得为之感到羞愧。

刘节在1939年日记的序言中写道："凡是力量充实的总是始终一贯的，中途变节就是灭亡的象征。"

同年，刘节转往成都金陵大学文化研究所工作，路途遥远，师生见面不易。陈寅恪写信劝他，说金陵大学的环境很好，傅斯年也在帮他想办法，将来有机会也可以转到云南大学。

刘节没等到云南大学的机会，第二年暑假，他被迫离开金陵大学，失去了稳定的教职或研究收入，困居在重庆南岸的川江旅馆从事研究著述，主要依靠教育部的中英庚款研究经费和编撰文稿勉强度日。那段时间的抗战形势严峻，空袭不断，刘节的生活愈加艰难，他却始终保持乐观的心态，相继完成了《历史论》《人性论》《中国古代宗族移植史论》等专著，形成了自己的历史哲学体系。直至1944年受聘为重庆中央大学历史系教授，他的生活条件才有所改善。

1946年，陈寅恪重返清华园，刘节则携家南下广州，受聘为中山大学历史系教授，与老师南北分散。1949年初，陈寅恪接受陈序经的邀请，执教岭南大学时，刘节已在中山大学任教三年，并兼任历史系主任。

师生重聚，其乐融融，此时陈寅恪已经目不能视，刘节时常从东郊石牌的中山大学前往广州河南岸的岭南大学探望老师，继续向他问学请益。

1952年全国院系调整，陈寅恪执教的岭南大学并入中山大学，刘节与老师成了亦师亦友的同事。但他始终对陈寅恪恭敬地持以师礼，不但在日常工作、生活中照顾老师，也在精神上支持他。

两校合并后，刘节也搬入了岭南大学的康乐园。他搬家那天是个晴朗的星期一，蒋相泽带历史系的师生过来帮忙，人多力量大，一个多小时就搬过去了。梁方仲、姜立夫、容庚、王力，以及师母唐筼等人先后前来道贺。王力是刘节的清华国学研究院的同学，两个人都师从陈寅恪，他比刘节更早来到岭南大学。能与老师、同学及一众旧友同住一个大院，刘节特别高兴。

即使在最艰难的那段时间,别人避之唯恐不及的时候,每年过节,刘节都依然去拜访老师。刘节的夫人更是常去陈家,帮着做些缝缝补补的家务,或者帮师母唐筼照顾因骨折而卧床的陈寅恪,刘节的夫人被陈家女儿亲昵地称为"钱三姐"。

陈寅恪去世后,刘节夫妇前去吊唁,亲自送恩师最后一程。从受教清华园到后来成为岭南同事,再到不避风险送别,刘节成为陈寅恪学生中唯一陪伴恩师几十年的人。无论从学术研究,还是身体力行,刘节都是陈寅恪倡导的"独立之精神,自由之思想"的有力践行者,也是其气节和风骨的传承者。

在人生最艰难的时期,刘节写下这样掷地有声的人生信条:"人格同学问是一致的,决没有学问好而人格有亏的伟人。假定有这样的人,我们来仔细考查他的学问,其中必定有欺人之谈。因为他心中根本是不光明。凡是不光明即是无力的表现。"这是他为学做人的原则,也是他观察审视别人的诀窍。

与恩师陈寅恪一样,刘节一生坚持学术独立,不为任何时代潮流所动,在治学上主张求真、自信。他说,一个历史学家要坚定不移,不为一时的风浪而动摇。

他的治学与为人一以贯之,宁可被孤立,也不作违心之语,不写奉上之词,即使放在今天,他的主张和作为依然堪称典范。

四、蒋天枢：以"命"相托的情谊

在诸多同学中，如果说刘节是陈寅恪"独立之精神，自由之思想"的坚守者，那么蒋天枢则可谓是陈寅恪的托命之人。

蒋天枢

蒋天枢（1903年—1988年），字秉南，1925年毕业于无锡国学专修馆，1927年考入清华国学研究院，师从陈寅恪、梁启超先生研习文史。1929年毕业后，蒋天枢先任东北大学教授，1943年起在复旦大学中文系执教，1985年后转任复旦大学古籍整理研究所教授。

从清华国学院毕业后，蒋天枢与陈寅恪很少有缘见面，但他常与老师通信请益。即使在交通和通信不畅的战争时期，蒋天枢也时常给老师写信，问候近况并向其请教。

1948年底，陈寅恪在匆忙飞往南京之前，将家中的藏书托存在寡嫂及其他几个亲戚家，后来存在某个亲戚家的书被人偷光。身在广州的陈寅恪得知消息后，只能无奈长叹，又托人将剩下的书转运到上海，请蒋天枢代管。在战火纷飞的动乱年代，陈寅恪能将视如生命的藏书托他代管，足见陈寅恪对这个见面极少却相知极深的弟子的信任。

1953年，蒋天枢给老师寄去长篇弹词《再生缘》，病中的陈寅恪听了大为震动。以前大家都以为中国没有史诗，听完《再生缘》，他认为这就是中国式的史诗，他为这个发现兴奋不已，之后便用口述的方式撰写了《论〈再生缘〉》，由此开始了对明清历史和文化的研究。

1954年，《论〈再生缘〉》完成后，陈寅恪请人用蜡版刻印，由夫人唐篔题写封面，并分送友人。他给上海的蒋天枢也寄了一本。后有人将获赠的《论〈再生缘〉》油印本带到香港，辗转由香港友联出版社出版，迅速轰动海外学界。

1961年8月30日，陈寅恪的家中来了一个人，他在哈佛大学的同学，阔别十多年的挚友吴宓。此时的陈寅恪双目完全失明，只能在屋里用拐杖探索着缓步而行，但在吴宓看来，他面容依旧，只是有些谢顶而已。好友相聚，感慨时世变迁及近况，谈到新近的研究与所思所感，陈寅恪把《论〈再生缘〉》油印本当作礼物送给吴宓，并向他透露自己正在写一部鸿篇巨著的大纲。这便是后来的《柳如是别传》。

在以往的历史故事中，柳如是不过是一个有才有貌的烟花女子。但陈寅恪研究发现，这样一个被士大夫轻蔑的弱女子，竟是一位有主见有抱负的奇女子，在朝代更迭变换之际，她比五尺男儿更看重家国大义。柳如是的遭遇，触动了陈寅恪对经历了洋务运动、戊戌变法、军阀混战、抗日战争的百余年家族和自己身世的感怀。

从1954年到1964年，陈寅恪耗费了整整10年的时间，引用了极其丰富的史料，通过严密的考证，与穿插其间的感悟，为人们展示了明末清初那段波澜壮阔的历史。

体弱多病、双目失明，考证研究、口授著述——几乎没人能把这几个词与85万字的巨著联系在一起，但这就是晚年陈寅恪写作《柳如是别传》时的状况。陈寅恪的写作异常艰难，广博的学识和超人的记忆固然起到很大作用，此外，他还有两个重要的"帮手"，一个是远在上海的蒋天枢，另一个是助手黄萱。

陈寅恪1945年赴英国治疗眼疾失败后，视力状况越来越差，仅能看到眼前白茫茫的一片，研究和教学都需要助手的帮忙。1949年来到岭南大学后，在清华大学时的助手程曦也追随老师而来，但两年后去了香港，学校又聘请黄萱成为他的助手。黄萱每天准时来到陈寅恪的住处，为他查找和朗读材料，誊录书稿。《柳如是别传》的一字一句都是由陈寅恪口述、黄萱记录完成的。她曾感慨地说："寅师以失明的晚年，不惮辛苦……其坚毅之精神，真有惊天地泣鬼神之气概。"

陈寅恪在广州笔耕不辍的时候，在复旦大学执教的蒋天枢也没闲着，为了帮老师查找资料，他多次到苏州吴江、嘉兴等地查访，找到不少钱谦益与柳如是"因缘"的资料。陈寅恪在广州找不到的书籍材料，蒋天枢就在上海找，有些材料上海也没有，他就委托遍布全国的师友帮忙，找到后再转寄给老师。在漫长的十年时间里，蒋天枢为恩师做了很多辅助工作，这都源于他们之间浓浓的师生情谊。

1964年5月,蒋天枢专程从上海赶往广州,为老师庆祝75岁寿辰,并贺其历经十年终于完成《柳如是别传》。在广州的十二天里,蒋天枢与老师共叙师生情谊,重温清华园的岁月,畅谈柳如是的家国情怀。

一天,蒋天枢再次来到中山大学老师家中,其他人都不在家,只有病中的老师躺在床上。他就毕恭毕敬地站在床边,恭听老师的教诲和嘱托。蒋天枢知道老师失明多年,早已看不到他鬓边的白发,但他还是谦恭地立于床前。那年,蒋天枢也已年过花甲。几个小时后,踏进家门的唐筼看到这一幕,为他对老师的敬重而感动,或许她脑中浮现的第一个形象便是"程门立雪"。但对蒋天枢而言,真正的尊师重道,要付诸行动。

得意弟子蒋天枢的到访,给了年迈的陈寅恪巨大的慰藉。风云动荡之际,当昔日的学生纷纷远离,他很高兴还有蒋天枢和刘节这样坚守气节与精神的学生,感慨自己所教、所著"小有成就",欣慰历史文化的传承后继有人。

深思熟虑之后,卧病在床的陈寅恪郑重地将整理著作之事托付给蒋天枢,并写下了带有"遗嘱"性质的《赠蒋秉南序》。在这篇不足千字的短文里,陈寅恪道出了自己晚年最隐秘的心迹,并称"默念平生固未尝侮食自矜,曲学阿世,似可告慰友朋。"他骄傲地告诉世人,自己一生最看重的,不是金钱地位,也不是知识和学问,而是精神与风骨。

其实，早在陈寅恪南来岭南大学之后，便有意将自己的著作交给蒋天枢收藏，而他也早就断断续续地开始为老师整理旧著。1950年冬，陈寅恪将刚出版的《元白诗笺证稿》寄给他，次年又寄赠了新发表的《论唐高祖称臣于突厥事》等论文。而1953年9月的第一次广州之行，老师让蒋天枢妙录了他南来广州之后的一批诗作。临别时赠诗两首，称"文章存佚关兴废"，师母唐筼也赠诗云"孙书郑史今传付，一扫乾坤万古愁"，直接点明了老师的心迹。

在离开广州的列车上，蒋天枢想到了很多，想到聆听恩师教诲的情景，想到每次与老师相会的欢愉，想到老师清瘦的身影，想到……他唯一没想到的是，此次一见便成了他与恩师的永别。

1969年10月7日晨5时许，陈寅恪离开了人世。陈寅恪走了，却非"人去曲终"。

消息传到上海，蒋天枢惊愕得久久无法平静，他从此多了一个"心病"——加快整理《陈寅恪文集》，以慰恩师的在天之灵。1973年，已步入古稀之年的蒋天枢，多方奔走求援，拖着病体搜集、整理老师的遗稿。

陈寅恪研究从教几十年，历经数十年的战乱和两度南迁的坎坷，所存的稿件多有遗失和损毁。20世纪年代末，蒋天枢在整理有残缺的陈寅恪诗稿时，遇到缺字漏字问题，他怕自己拿捏不准，便请钱钟书帮助校订，将缺漏的字补上。钱钟书校订时既考察诗词语句，又琢磨韵律格调，解读诗中引用的典故寓意，力求保其本真。

他以前没怎么读过陈寅恪的诗,晚年忽然发现并"喜爱"陈诗,这和蒋天枢托其校订诗作分不开。

20世纪80年代初期,蒋天枢编校的《陈寅恪文集》和编撰的附录《陈寅恪先生编年事辑》,全部由上海古籍出版社出版,这大概是"陈寅恪"这个名字重新出现在公众视野的开始。年届八十的蒋天枢长舒一口气,"又一个十年!"耗费了十年的努力和心血,他可以自豪地告慰恩师,他一生的学术研究终于化作文字留传于后世,可以瞑目安息了。

《陈寅恪文集》出版后,上海古籍出版社付给蒋天枢3 000元整理费,作为他十年艰辛劳动的报偿,蒋天枢将这笔钱全部退还。他们清楚蒋天枢的付出,却不了解他心中师道的重量。在他的心中,老师的学术成就是一等优秀的文化遗产,他受命整理出版,不仅是老师的生命之托,更是师生之谊,与金钱物质无关。正是这份对老师特有的热爱与敬重,使蒋天枢成为晚年陈寅恪"最可依赖的人"。

1987年,年逾古稀的蒋天枢自知年迈体弱,将整理老师著述的重任托付给清华时期的同学,同为陈寅恪学生的卞僧慧。蒋天枢去世后,卞僧慧不负重托,经过二十多年的辛劳,于2010年4月由中华书局出版了《陈寅恪先生年谱长编》。

有人说,蒋天枢对老师陈寅恪的尊重,源于对中国文化的传承和负载,而这种传承和负载正是源自其师门。陈寅恪在《论韩愈》中说:"华夏学术最重传授渊源。"这种渊源不只是"授业"和

"解惑"，更是"传道"，是中国文化的精神和风骨，这也是陈寅恪、蒋天枢、卞僧慧及其后世弟子们守护传承的精髓。

陈寅恪从教几十年，学生众多，主体是他执教时的学生和任职中央研究院史语所时指导的青年学者。

陈寅恪的研究影响了几代史学工作者，近几十年来，国内研究南北朝史最有成就的学者，大都是陈寅恪的学生，除季羡林、刘节等人外，如王力、石泉（原名刘适）、何兹全、杨联陞、万绳楠、除高阶、王永兴、陈庆华、程曦、蔡鸿生、卞僧慧、刘桂生……还有一些虽然没有得到他的指导，但仰慕和承袭其治学方法的学者，如唐长孺、牟润孙、缪钺等便以陈寅恪的私淑弟子自称。

第七章 生死相依的爱情

1926年执教清华时，已经36岁的陈寅恪，不仅没有成家，连一段"轰轰烈烈"的恋爱经历都没有，可他一点也不着急，还自我解嘲："学德不如人，此实吾之大耻。娶妻不如人，又何耻之有？"

一、对的时间遇到了对的人

陈寅恪当然不是抛却七情六欲的佛门弟子，他只是一直没遇到正确的人。当爱情来敲门，见到他的"天选之人"时，陈寅恪也像所有的年轻人一样，迅速坠入爱河，与其携手一生。

因字结缘

陈寅恪13岁东渡日本求学，后又游学欧美，一直心无旁骛地潜心学术。到了二十多岁的婚娶年龄，他也被父母催过婚，但他一心求学，对成家之事丝毫不上心，根本没把婚姻大事排上日程。对身边出双入对的同学好友，他也毫不羡慕。父母再急也只能书信催促，更何况陈家原本就是开明世家，也就由着他的性子了。

1926年，陈寅恪接受清华国学研究院的邀请，回国执教。他和从哈佛回来的赵元任住邻居，赵家人口多，居住环境紧张，单身的陈寅恪慷慨地让出一半住房给他，借机跑到赵家搭伙吃饭，再后来索性把日常的生活琐事也交给赵元任的夫人杨步伟照料。同为国学院的导师，赵元任和陈寅恪坐到一起谈学论道，十分融洽。杨步伟是个热心肠的人，眼见陈寅恪快四十了还单身，经常半开玩笑地劝他赶紧成家，还拉着丈夫一起给他罗列成家后的各种好处。但陈寅恪觉得无家一身轻，可以一个人不受干扰地潜心治学，有家反而会多出一大堆麻烦事，他又不擅长处理生活杂事，像现在这样有赵夫人帮着料理生活杂事也挺好。赵元任笑着说："不能让我太太老管两个家啊！"

最着急的还是陈寅恪的父亲陈三立，他也催促过很多次，对他拖来拖去不结婚的事早就心存不满了。他到清华执教时已经36岁，在兄弟姐妹中，只剩他没有结婚了。父亲和声细语地劝他，他就轻描淡写地说，结婚只是人生中一件小事，不必急于一时，现在还没结婚说明姻缘未到，他还没遇到对的人。他的搪塞之言早逼得老父亲失去了耐心，厉声警告儿子，如果他自己不尽快解决个人问题，他就要实施家长权威，替他下聘订婚了。陈寅恪这才感觉事态严重，只好请父亲再宽限他一些时间。

一日，陈寅恪和几位同事闲谈，体育系的郝更生向他请教"南注生"为何许人。陈寅恪号称清华园里的"活字典"，谁有什么难解的史学问题，都愿意听取他的见解。听到这个名字，陈寅恪兴趣大增，问他在哪儿看到这个名字。郝更生说他的女朋友高梓有一位唐姓闺蜜，家中挂了一幅字，署名就是"南注生"。陈寅恪惊讶地说："此人必广西灌阳唐景崧之孙女也。"

"南注生"是台湾最后一任巡抚唐景崧的别号，陈寅恪的舅舅俞明震曾经与他共过事，所以对此人比较了解。他还拜读过唐景崧的《请缨日记》（"请缨"也是唐景崧的别号），对他率部到越南抗击法军的事迹十分景仰。介绍完舅舅与唐景崧的渊源，陈寅恪请托郝更生，期望有缘欣赏南注生公手书的字画，表达了想借机结识这位名门之后的愿望。

通过郝更生和高梓的牵线搭桥，陈寅恪选了一个周末，来到西城浼水胡同唐筼的住所。不出所料，唐筼正是唐景崧的孙女。陈寅恪仔细欣赏南注生公的遗墨，透过遒劲有力的笔迹，他感受到南注生公胸中郁积的愤懑和爱国情怀。

初次见面，唐筼落落大方的气质和教养令陈寅恪如沐春风，

年轻时期的唐筼

陈寅恪的博学和儒雅，同样倾倒了唐筼的芳心。两人一见钟情，很快陷入热恋之中。

陈寅恪和唐筼因字结缘，开启了他们相濡以沫、携手一生的不凡岁月。朋友同事都知道陈寅恪治学严谨，没人想到他竟因一幅字收获了一生的爱情。

相伴相守

一个春光明媚的周末,陈寅恪约唐筼同游中央公园(后改名为中山公园)。看着陈寅恪远远地走过来,早在园中等候的唐筼细心地发现他走路微跛,陈寅恪解释说早年留学时经常穿硬皮鞋,脚上长了好几处鸡眼和老茧一直没好,走路时稍微一挤到就像针扎一样疼,只能一跛一跛地缓步而行。唐筼不忍陈寅恪跛行受苦,陪着他在花团锦簇的小径里悠闲慢步,累了便在亭中休息,两人走走停停,聊春花烂漫,也聊各自的经历。唐筼出生时,母亲难产去世,自幼跟随养母(她的亲伯母)潘氏在苏州生活,成年之后,先就读于天津北洋女师和上海基督教女青年会设立的体育师范学校,后从南京的金陵女子大学体育专业毕业,便受聘到北京女子师范大学教授体育。

有了郝更生、高梓、赵元任夫妇等友人的好心促成,陈寅恪与唐筼有情人终成眷属,于1928年在众多亲友的见证和祝福下,在上海缔结偕老之约。时年陈寅恪38岁,唐筼30岁。

1919年在哈佛大学时,陈寅恪曾经豪言壮语地向吴宓、梅光迪等人"宣扬"自己的"五等爱情论":第一,情之最上者,世无其人,悬空设想,而甘为之死,如《牡丹亭》之杜丽娘是也;第二,与其人交识有素,而未尝共衾枕者次之,如宝、黛是也;第三,曾一度枕席而永久纪念不忘,如司棋与潘又安;第四,又次之,则为夫妇终身而无外遇者;第五,最下者,随处接合,惟欲是图,而无所谓情矣。那时他们都是未尝爱情和婚姻美好的年轻人。如今新婚燕尔，当初的高谈阔论早被他忘到九霄云外去了。

1928年9月底，陈寅恪离沪返校，唐筼则因事暂留上海，没有同行。中秋月圆之时，陈寅恪乘坐的客轮正在渤海的浪涛中飘摇，他扶着船舷远眺，莹光闪烁的海面上，宛若银盘的圆月悬在灰蓝色的夜空中，月娥的轮廓隐现其间，想象远在上海的爱妻正在做什么，她也同他一样望月相思吗？陈寅恪与唐筼一南一北，同守一轮圆月，他希望能借月光传情，告诉她自己的思念和感慨。陈寅恪提笔写下"解识阴晴圆缺意，有人雾鬓独登楼。"

二、患难与共的灵魂伴侣

陈寅恪的一生颠沛多难，少年体弱，壮年目盲，暮年卧床。非常幸运的是，始终有知书达理的唐筼润泽相伴，追随着他共同渡向生命的彼岸。

书呆子与贤内助

婚姻大事一定，陈寅恪便再无后顾之忧，生活上有唐筼操持，他一心扑在学术研究上。1929年到1937年，是陈寅恪学术收获最多的几年，他先后发表了几十篇学术论文，很快便声名鹊起于国内外学术界。

相对陈寅恪获得的学术成就,唐筼更关心他日渐虚弱的身体。陈寅恪向来体弱,童年起就不好运动,更不注意体育锻炼,加上长期伏案工作,这些不良的习惯都极大损耗着他的健康。唐筼是体育老师出身,她深知再好的身体也扛不住长期消耗,在她的劝导下,陈寅恪养成了午睡、散步的好习惯,这大概是他钻研学术之外,将休息与养生结合得最完美的爱好了。

结婚之前,唐筼是个不识柴米油盐大家闺秀,但嫁给一个生活上比她还"笨拙"的书呆子丈夫,她也只好从下厨开始慢慢学起。她特意学做陈寅恪喜欢吃的湖南菜,比如把新鲜水嫩的苦瓜用豆豉一炒,满院飘香,引得陈寅恪下课回家的脚步都会加快几步。几年下来,她不仅学会了养花、种菜、带孩子,还能游刃有余地协调大家庭的各种关系,成为一个样样精通的贤内助。

陈寅恪平时的教学和研究工作繁忙,他一工作起来,便全身心地专注其中,丝毫不顾虚弱的身体是否能承受这样高强度的压力。他已经习惯了这样的工作和生活,但唐筼不能不担心丈夫的身体。她毅然放弃了心爱的事业,甘愿囿于丈夫和家庭这一方小天地。

陈寅恪有慢性胃病,消化功能欠佳,饭量少,还有挑食的不良习惯。他童年在长沙生活过八九年,对菜肴喜好偏于湖南口味,又因肠胃功能不好而忌辣。在西南联大时,陈寅恪给因病滞留在香港的唐筼大倒苦水,说自己根本吃不惯云南当地的饮食,不易消化,也吃不多。

结婚之初,为了给丈夫搭配膳食和营养,唐筼千方百计地调剂饭菜,她专门到学校图书馆,查阅中西医关于营养和食补的资料,自编了一本"食物成分表",里面记录的全是食材搭配和营养膳食的"生活小窍门"。陈寅恪在欧美游学多年,喜欢吃易于消化的面包搭配草莓酱,既简单又节省时间。唐筼就多方学习烘焙,甚至在家里砌了一个简易的烘烤炉,做各式面包。只要丈夫喜欢吃,她就变着花样做出来。面对丈夫这样挑剔的"食客",她硬是把自己从一个"菜鸟"变成了"美食家"和"营养专家"。

在对丈夫的日常生活上,唐筼也用心良苦。除了读书、著书和教书,陈寅恪也有自己的休闲爱好,比如宠爱猫咪,偶尔下围棋,也喜欢在蜡梅或海棠树下赏花吟诗。为此,他们每次重新布置院子时,唐筼总会想办法种一株蜡梅或海棠供陈寅恪休息时观赏。

磨难中相伴

1937年,日寇发动全面侵华战争,散原老人陈三立义愤绝食,不幸溘然离世。然而祸不单行,在为父亲治丧期间,陈寅恪的右眼视网膜脱落,医生建议他立刻入院手术,并留在北京长期休养。但他断然放弃手术,随校南迁长沙。唐筼很担心丈夫的眼睛,但她更了解丈夫一家三代的民族气节。

陈寅恪一家

陈寅恪与唐筼婚后育有三个女儿。陈寅恪分别为长女和次女取名"流求"和"小彭",就是取自被日寇占领的琉球(台湾古称)和澎湖列岛,意在纪念南注生的英勇壮举,提醒后人勿忘国耻。

陈寅恪一家辗转来到香港。到达香港后,唐筼因心脏病复发不能随行,陈寅恪只好安排妻子独自带着三个幼小的女儿暂留香港,只身经越南进入云南,赴西南联大任教。1942年,占领香港的日军以巨资为诱饵,强迫在香港待船赴英的陈寅恪筹办东方文化学院,陈寅恪不愿俯首事敌,他断然拒绝,并带全家仓促逃出香港,先后任教于广西大学和成都燕京大学。从桂林往成都途中,唐筼又染上了痢疾,拖了一个多月才痊愈。

抗战最艰难的那段时间，陈寅恪左眼的视力也下降得厉害，愈发昏花起来。为了给丈夫补充营养，唐筼把最好的一件旗袍当了。成都商务印书馆黄馆长的儿子黄大器送来一只怀胎的黑山羊，告诉她母羊生下小羊后就可以挤奶了。唐筼是大家闺秀，只见过羊吃草，从来也没侍弄过羊，可为了丈夫，她学着割草、养羊、挤奶。她只愿丈夫身体快点好起来，宁可自己多受一点苦，也不愿丈夫多受一分的折磨。

除了养羊，唐筼还在院子里开辟了一小块菜地，既可以节省开支，还能丰富餐桌上的营养。那时候，看病、买药的开支很大，半个月才能打一次牙祭，吃一次荤菜。一到冬天，主菜只有紫油菜、红萝卜等可怜的几样，唐筼发挥她高超的厨技，变着花样地搭配，让一家人百吃不厌。

尽管唐筼想尽所有办法照料丈夫，可他的眼疾丝毫没有好转。1944年底，陈寅恪眼前漆黑一片，什么都看不见了。在存仁医院做手术前，妻子带着小女儿美延把羊奶送到医院。病床上的陈寅恪捧着那一碗羊奶，手却止不住地颤抖，他一句话也没说，只是舔舔嘴唇，咽下流到嘴边的苦泪。这一瞬间，即使他是"三百年来一人而已"的国学大师，也找不到恰当的言语表达他对妻子的挚爱与感激之情。

1945年，陈寅恪赴英治疗眼疾，英国最著名的眼科专家为他实施了两次手术，但效果并不明显，术后仅能模糊看到明亮的物体轮廓。复明的希望彻底破灭了。陈寅恪的心情低落到极点，他谢绝了牛津大学的执教邀请,返回祖国,成为清华园里的盲人教授。

对一个著书立说的学者来说,眼不能视物就意味着失去了阅读和书写能力,再深邃的思想也只能盘旋在自己的头脑里。眼盲的打击,使陈寅恪陷入生不如死的痛苦,但唐筼用自己的温柔来安抚丈夫身心的创痛,体贴地照顾他的饮食起居,打理家务,同时兼任他的秘书,为他读书读报、记录和整理书信文稿,还要协助他查找研究资料。此后三十多年,她是他的眼。

在人生这场大剧中,有人愿意在幕前陪你恣意绽放,有人甘愿在背后默默奉献。唐筼显然属于后者。陈寅恪传奇一生的背后,唐筼功不可没。

1962年7月,已是古稀之年的陈寅恪在洗漱时不慎滑倒,摔断右腿股骨,住院近7个月,股骨仍不能长合,自此长卧于床榻。这对本已双目失明的陈寅恪来说,更是雪上加霜的灾难。陈寅恪经受的精神和肉体上的双重痛苦,唐筼感受深切。但坚强乐观的唐筼没有抱怨,更不曾想过逃离,而是更加竭尽全力地护理丈夫,找各种机会呈现给他生活的快乐和美好。她拼命操劳,以至于心脏病发作,生命垂危。然而就是在濒临生死之际,她还割舍不下丈夫,想到自己如果离去,他将一个人在世上受苦。正是凭着这样的信念和情感,她从死亡边缘中挣扎回来,重回丈夫陈寅恪的身边。

陈寅恪曾对人说:"一个人没有了眼睛等于没有了百分之五十的生命,没有了腿,等于连另外的百分之五十也少了一半。"不幸的是，这两样他都赶上了。但他也是幸运的，无论命运的打击多么猛烈，唐筼都始终如一地陪伴着他，以孱弱的病体为他遮风挡雨。陈寅恪常教导女儿们说："妈妈是主心骨，没有她就没有这个家，没有她就没有我们，所以我们大家要好好保护妈妈。"

三、死生契阔，与子成说

从以字结缘到携手一生，唐筼不仅在生活上无微不至地照顾丈夫的起居日常，更在精神和事业上全心全意地支持和辅佐丈夫，让他可以心无旁骛地专注教学和学术研究。

人间真爱

自陈寅恪与唐筼喜结连理后，陈寅恪的重要经历都有唐筼的陪伴，她默默地料理家务和辅助丈夫工作，为丈夫扫除后顾之忧。

唐筼在生大女儿时落下心脏病的病根，从此一生都忍受着心脏病的折磨，一生都要靠药物来维持。但就是这样，她除了做丈夫的"生活助理"，拖着病体安抚丈夫的内心创痛，照料他的饮食起居，打理家务，还是丈夫工作上的"助手"，尽心尽力地帮助着陈寅恪整理和撰写文稿。

由于战乱时期的医疗条件差，及颠沛流离的工作和生活，陈寅恪的眼疾一直未能得到很好的治疗，右眼视力愈加恶化。右眼失明后，他长期用依赖高度近视的左眼。

1944年12月12日早上，陈寅恪像往常一样准备去上课，还没走出家门，他就痛苦地发现自己看不清眼前的东西了。他11月中旬跌过一跤，当时只觉得左眼昏花。他本应立即停止一切用眼的活动，好好静养，但他仍然坚持工作。那段时间，他的唐代三稿最后的《元白诗笺证稿》基本完成，正是赶稿的关键时期，需要大量查阅资料，他经常彻夜工作。他以为眼花只是劳累所致，并没当一回事重视起来。

陈寅恪忙叫流求去通知学生：他当天不能上课。并即刻到存仁医院诊视。陈寅恪不得不暂时放下案头工作，接受医生的严正警告，住院治疗。

12月18日，陈寅恪接受了眼科手术。陈寅恪手术期间，唐筼日夜守护在病床边，既要陪护，还要安抚他的情绪，劳体累心，再次引发心脏病。

非常不幸，因当时的技术和医疗条件所限，此次手术没能保住他的视力。失明，是陈寅恪最不能接受的事情，这意味着他的工作和生活都将受到不可逆转的影响。尤其是在精神上，他无法接受失明的结果，他就像一只被关进笼子里的雄鹰，愤怒地发泄着心中的抑郁和愤怒。原本温文尔雅的谦谦君子，那段时间变得脾气暴躁。唐筼为他读报，读诗史，查找资料，与他探讨历史典据。有了妻子的悉心陪伴和照顾，陈寅恪逐渐接受了现实。从此，陈寅恪的世界再无光明。唐筼看在眼里，疼在心里。生活上，她给了丈夫一个温暖的港湾，事业上，她成了他的眼，他的笔。

失明后，陈寅恪开始以耳代眼，以口代笔。唐筼每天给他读报，读书。他口述诗作和书稿，唐筼负责一一记录下来，在这期间唐筼辅助他完成了《元白诗笺证稿》的初稿。

1945年，抗战胜利后，陈寅恪再次接到牛津大学的邀请时，他犹豫不决，牛津会接受一位盲人教授吗？唐筼建议他接受邀请，至少可以借此机会去看看眼疾，英国有全球顶级的眼科医生，或许他们的科研和技术水平有了新发展，即便不能完全治愈，能够恢复部分视力或抑制继续恶化也是好的。听了唐筼的建议，陈寅恪带着妻子的鼓励远赴伦敦。但陈寅恪失望地离开了伦敦，不得不接受失明的事实。在归国的途中，他归心似箭，期盼早日与妻子重聚。在回国的船上，他作诗首寄托相思之情，前四句云：

贫贱夫妻已足哀，乱离愁病更相催。
舟中正苦音书断，梦里何期笑语来。

1946年，陈寅恪再次回到清华园时，他成了一位盲人教授，学校专门安排助教协助他教学和研究。助教的到来减轻了唐筼的压力。唐筼除了专心照顾丈夫的日常起居，还要兼顾私人秘书的工作,帮丈夫回复私人信件、记录诗作等。

初到广州岭南大学时,陈寅恪的助手转赴香港,他的教学工作几近瘫痪,想到排期满满的课程,他心急如焚。唐筼毫不犹豫地承担起助教的工作,协助丈夫备课,找文献,查资料,记笔录,编写讲义。唐筼虽然出身名门,文化素养颇高,但是突然从事专业的史学研究,对她绝非易事。为了备好每一次课,她做完家务后,就一头扎进书海,经常彻夜不眠地查阅各种资料。得益于唐筼的倾心协助,陈寅恪的教学工作才能顺利开展。以陈寅恪为首的岭南大学史学系,在中古史研究领域的突出贡献,这背后也少不了唐筼的功劳。

新助理到来后,唐筼依然坚持整理陈寅恪的书稿,为出版《陈寅恪文集》做准备工作。尤其是陈寅恪的诗稿,唐筼更是亲力亲为,单是毛笔抄录的正本就有五册之多,用钢笔记录的则不计其数。陈寅恪流传下来的鸿篇巨著,每一部都凝聚了他毕生所学,更浸润了唐筼的深情。

在陈寅恪失明的日子里,唐筼不只是妻子、母亲,还是丈夫的秘书和书记官,她代笔撰写各种日常信件、记录诗作。那些数以百万计的文字,那些笔迹秀美的批注,那些旁征博引的史料,是文化遗产,更是唐筼对丈夫的深深爱意。

全心全意成就丈夫的学术追求,是唐筼的心之所往,更是她生命的信仰。陈寅恪每完成一部著作,都请妻子题写封面。他深知自己的每一分成就背后都有妻子的默默奉献,他要与妻子共享把思想汇集成书的快乐。

生死相随

唐筼与陈寅恪连理40余年，二人感情纯真深厚。唐筼从小饱读诗书，也喜欢吟咏，但在丈夫面前，她一直以"诗弟子"自居，夫妇二人时常以诗相和，别有一番情趣。异地分离时，他们以书信互通相思之情。结婚纪念等重要的日子，他们则以诗作相和。妻子赋诗"回首燕都初见日，恰排小酌待君来。"丈夫赞她"织素心情还置酒，然脂功状可封侯。"唐筼有时也和诗排解丈夫心中的愁苦，纪念二人的结婚纪念日时，陈寅恪作诗"同梦匆匆廿八秋，也同欢乐也同愁。"妻子则答"甘苦年年庆此秋，已无惆怅更无愁。"夫妻二人琴瑟和鸣，情意相连。

陈寅恪的身体一直都很虚弱，在风雨飘摇的严酷岁月里，顽强地为后世留下了他对中国唐代史的系统研究，只因他得到了唐筼绵绵细雨般的爱，以及无微不至的照顾，让他在无尽的黑夜中，始终被爱的阳光照耀着，温暖着。

1969年10月7日，陈寅恪在广州病逝。弥留之际，他一言不发，所有的惦念与不舍都凝成了眼角的泪滴。丈夫离世的45天后，唐筼也追随他而去，就像她对人说的："待料理完寅恪的事，我也该去了。"

自1928年和陈寅恪结为连理，唐筼与丈夫风雨同舟，成为他生命中的第一知己。无论经历了多少风雨,他们都在纷乱的历史洪流中相互扶持着前行,像两棵同根连枝的大树,尽力为对方遮风挡雨。他们的生活也和很多夫妻一样,简单、平淡,但却不平凡。纵观陈寅恪和唐筼相依相伴的一生,他们的爱情当可以算是陈氏"五等爱情论"中的第一等。

第八章

孝悌家风之同胞情深

文化的传承塑造了一代又一代大师。但凡想起某位大师，人们大抵都会沿着深远的历史轨迹，上溯到师承或家族文化，发现其家风纯良、家规卓正。义宁陈氏亦如此。凤竹堂背后的儒家的"忠、信"在陈寅恪的一生中淋漓尽致地体现出来，而儒家的"孝、悌"则在他与兄弟姊妹的深情中充分展现出来。

一、孝悌家风传后代

孝，指对父母要孝顺、服从；悌，指对兄长要敬重、顺从。二者合在一起，指的是长幼有序，子弟敬重父兄，晚辈善事长辈。作为一种社会道德风尚，这一传统历史受到人们的重视。耕读起家的陈氏家族，更是将这一传统思想文化根植于对后辈的教育中，成为家风家训。

承家训努力向学

要讲陈氏兄弟，就要从陈寅恪的高祖父陈克绳建成陈家大屋说起，他带领陈家摆脱了贫贱的命运。陈克绳还创办了家塾仙塅书屋。曾祖父陈伟琳创办过义宁书院，资助族中子弟读书应举，并与怀远士绅倡建梯云书院，使义宁陈氏真正实现了由"耕"到"耕""读"并举的跨越。祖父陈宝箴从小做事沉稳，聪慧机变，

此图为1899年陈宝箴领诸孙及重孙合影于江西南昌,左起陈方恪、陈寅恪、陈覃恪、陈宝箴、陈封可(陈衡恪子)、陈衡恪、陈隆恪

他不负长辈厚望，于道光三十年（1850年）获得童试第一名，又在次年的恩科乡试中中举。光绪二十一年（1895年），64岁的陈宝箴升至湖南巡抚，积极推行新政，成为清末著名的维新派人士。陈宝箴是这个家族走向全国的关键人物。

义宁陈家历代都很重视教育。陈寅恪兄妹的启蒙教育，都是从母亲俞氏为他们讲解诗文开始的。俞氏的闺名是明诗，出生于浙江绍兴的书香世家，她的兄长俞明震、俞明观，弟弟俞明颐都是诗人。俞明诗本人也是一个才女，不但能帮陈三立抄写诗文，自己也擅长写诗、弹琴，极具眼光和见识。

小时候，陈寅恪兄妹绕于母亲膝前，一起诵读唐诗宋词，听她讲历史故事，解读经史。多年后陈寅恪仍念念不忘11岁时母亲教他读南宋词人姜夔的《鹧鸪天》时的情景。古诗词慢慢滋润着寅恪兄弟的诗情才华。父亲陈三立的诗空灵缥缈，用字新奇，其高逸冲澹的风致，对他们兄弟的诗歌创作更是起到了直接浸染的作用。

祖父陈宝箴就任湖南巡抚一职时，陈寅恪兄弟也随之来到长沙。祖父承袭了世代重视教育的传统，为孙儿们延请包括周大烈等大儒和饱学之士为塾师，陈寅恪跟随哥哥衡恪和隆恪，开始了一生不辍的读书生涯，且表现出过人的记忆力。

戊戌变法失败后，陈三立将主要精力投入继承先祖遗志，尽心培育子弟，扶持参与文教事业。

1900年，陈三立移居南京不久，在家中创办私塾。后来他让出住宅作为南京最早的新制小学——思益学堂的校舍。

思益学堂创办后,除了延聘名师,还专门聘请了外国教师,开设英语、数学、物理、化学等课程。在这里学习的,除了陈家及姻亲学子,还有茅以升、茅以南、周叔弢等世家子弟。陈寅恪晚年时说:"小时在家塾读书,又从学于友人留日者学日文。"指的就是这一时期的学习生活。

年少时的美好时光

陈三立有五个儿子:衡恪、隆恪、寅恪、方恪、登恪。陈家读书的种子在他们这一代开枝散叶,更加发扬光大。

陈氏兄弟孝悌重亲,团结和睦。他们儿时聚于父母膝前,随名师读书。虽然他们性格各异,兴趣也各有差异,但是儿时一同游戏、读书,也好不快乐。1945年春天,妹妹陈新午去成都探望双目失明的陈寅恪时,讲到他"笨手笨脚"的趣事,把三个侄女笑得肚子疼。

陈寅恪兄妹童年时,陈家是湖南新政的中心,每天进出的都是各界名士,家中迎来送往的亲戚朋友很多。一次,家中来了亲近的远房亲戚,兄弟们都很兴奋,暗暗谋划一个恶作剧。隆恪聪明好动,一转头就能出一个鬼主意,从小就是孩子头儿。潭州官舍(湖南巡抚官邸)的后花园有一个大坑,他指挥大家找些树枝盖在坑口,又铺上杂草树叶,一会儿就做成一个完美的陷阱。一切准备停当，隆恪委派寅恪去诱敌。寅恪在前面带路，亲戚跟在他身旁，两人聊着天就来到陷阱前。其他兄弟都躲在附近的草丛里，亲戚再向前一步就会落进他们的陷阱，所有人都屏住呼吸等着为他们的"胜利"欢呼。不料，动作笨拙的寅恪被露在外面的树枝绊了一下，一个趔趄自己先跌到陷阱里，反倒把亲戚惊得目瞪口呆。他一反应过来，赶紧招呼人把寅恪"救"上来。偷鸡不成反蚀一把米，把自己送到陷阱里了。从此以后，兄弟们常拿这件事开陈寅恪的玩笑。

二、昆弟情深隔不断

成年后，陈氏兄弟五人出门求学，便很难再像小时一样齐聚一堂了。但他们兄弟间常书信往来，交流心得，互相鼓励帮助。

朽者不朽的长兄风范

大哥衡恪（字师曾，号槐堂）比寅恪年长14岁，从小聪敏过人。其生母罗氏是四川雅州知府罗亨奎之女，1880年病逝。继母俞明诗对这位聪明伶俐的长子非常关爱，教育他为弟妹们做出表率。

陈衡恪生母去世后，每晚都要依偎在祖母的怀里入睡，早起后跟随祖父识字。他七八岁就能吟诗作画，欣赏之余，陈宝箴经常得意地向宾朋展示陈衡恪的绘画和书法作品。

陈衡恪的绘画蒙师是晚清画家尹金阳，他11岁拜入其门下。尹金阳，字和伯，号和光老人，齐白石也曾受教于他。14岁时，陈衡恪在长沙经常向胡沁园、王湘绮请教国画。他聪颖刻苦，又得名师指点，其字画水平长足精进。19岁时，师从湖南大儒周大烈学习诗文和书法，并且师从范镇霖学习汉隶和魏碑，在两位名师的指导下，陈衡恪积累了紧实的国学基础。

1898年，陈衡恪考取了矿务铁路学堂。次年，鲁迅（周树人）也考入该校，开启了两人二十余年的友谊。1901年，陈衡恪转至上海的法国教会学校学习外语。

1902年，陈衡恪与弟弟陈寅恪一起东渡日本求学，同行的还有周树人、周作人兄弟。陈衡恪先与弟弟一起入弘文书院，后进入高等师范学校学习博物学。

在日本期间，陈衡恪学习了油画和水彩画，在书画诗词篆刻方面日渐成熟。他还认识了李叔同，一起谈论艺术。回国后，李叔同供职于上海的《太平洋画报》，多次刊载陈衡恪的画作，积极推广他的画作。八年后学成回国后，陈衡恪在南通师范学校任教期间，还专门跑到上海拜入吴昌硕门下学习金石字画。

1913年，陈衡恪受聘北上，任北洋政府教育部编审，兼任女子高等师范学校及北京女子师范学校博物教员。

在北京，陈衡恪结交广泛，与当时的画坛、文坛名流来往密切，积极参与组织各类美术社团。1918年，北京大学画法研究会成立，蔡元培邀请他加入，与徐悲鸿、贺履之、胡佩衡同为导师。画法研究会是中国现代史上第一个新型的研究绘画艺术的大型美术团体，将中国美术教育从传统的师徒授受，推向师生授课的现代教学方式。

1915年春，陈寅恪也来到北京，担任经界局局长蔡锷的秘书（蔡锷早年曾受陈三立提携），负责翻译东西方有关政治经济学等方面的图书资料。陈寅恪在北京工作的短暂时间，却是兄弟二人难得的相聚时光。

1920年，陈衡恪等发起成立了中国画学研究会，该画会以"精研古法，博采新知"为宗旨。画学研究会还创办了《绘学杂志》，陈衡恪相继发表《文人画之价值》《中国画是进步的》等文章。

北京工作的十年，是陈衡恪美学理论、艺术创作的高峰期。他提出弘扬中国文人画"首重精神，不贵形式"的传统，借鉴融合西方画法的长处。《绘学杂志》经常刊登他的作品与理论文章，其影响力可见一斑。

除了研究金石书画，陈衡恪还喜欢收藏拓片和古钱币，经常约好友一起去琉璃厂等地逛古玩市场。遇到满、蒙、回、藏文的典籍，只要价格合适，也会买下来。他自己对此兴趣不大，但陈寅恪一定喜欢。

1923年夏，继母俞氏生病，此时陈寅恪在德国，陈登恪也在法国求学，陈衡恪回南京陪伴在旁，累日操劳。他从小跟着继母长大，俞氏视他如己出。继母病逝后，陈衡恪冒雨送葬，又因悲伤过度,一病不起。仅仅一个月后,便不幸离世。

年仅48岁的陈师曾早早走完了一生,而民国画坛,从此便黯淡了许多。

陈衡恪的死震动了文艺界。1923年9月,北京文艺界在江西会馆举行隆重的追悼会,文艺教育界同人纷纷作文悼念。梁启超致悼词,他称:"师曾之死,其影响于中国艺术界者,殆甚于日本之大地震。地震之所损失,不过物质,而吾人之损失,乃为精神。"齐白石为其题诗:"槐堂风雨忆相逢,岂料怜公又哭公。此后苦心谁识得,黄泥岭上数株松。"以此表达痛失伯乐与知音的哀伤和痛惜之情。吴昌硕题的"朽者不朽",则是对陈师曾艺术人生的最高评价。陈衡恪的绝笔之作《桃花图》如今被收藏于故宫博物院中。

相互扶持的次兄之情

陈寅恪和二哥陈隆恪(字彦和)相差两岁。由于按陈氏家族的排行,陈隆恪排行第五,因此陈寅恪称其为五哥。这位五哥,在陈寅恪的人生路上同样起到了陪伴和引领的作用。

1904年,陈寅恪从日本回国省亲,与五哥隆恪一起通过了官费留日的考试。抵达日本后,陈寅恪仍在弘文学院学习,五哥先入读庆应大学,后来转入东京帝国大学财商系深造。兄弟二人所学不同,但在日本可以经常见面,互相扶持关照,缓解了思念亲人之情。

1912年，陈隆恪学成回国，先后在南浔铁路局、汉口电讯局、九江税务局、江西财政厅、南昌邮政储蓄会业局、上海邮汇总局等地供职，一直从事财经工作。

陈隆恪的妻子名喻徽，是江西萍乡望族清溪喻兆蕃的三女儿。清溪喻家也是书香世家。1889年，喻兆蕃中进士，与陈三立同榜，钦点翰林院庶吉士。民国后致力于萍乡地方教育事业，为萍乡培养了大量人才，著有《人理集》《问津录》《温故录》《既雨轩诗钞》《既雨轩文钞》。

陈隆恪与夫人订婚很早，结婚却比较晚。两家订婚时，陈隆恪还在日本留学。喻兆蕃很喜欢这个笃实厚道的女婿，经他再三催促，1915年10月，28岁的隆恪才赴萍乡完婚。从此与清溪结缘。

与兄长和弟弟不同，虽然出身诗人之家，文化积淀深厚，但是隆恪少有作诗行文的兴趣。岳父喻兆蕃是清末才子、诗人，受家庭熏陶，隆恪夫人喻徽也善文墨。婚后在清溪居住期间，受岳父提点开始作诗，从此与诗结缘。

1929年，陈隆恪租下了庐山牯牛岭上的一栋别墅，将77岁高龄的父亲接来养老。次年又将其买下，实现了老人息隐庐山的夙愿。别墅紧邻风光俊美的松林，陈三立取名为"松门别墅"，并亲手在别墅门前的一块巨石上题刻了"虎守松门"四个大字。该石刻至今仍在。

庐山的清闲与宁静，洗去了陈三立老人仕途失意和思念故乡的伤感,他在这里写下了很多清新自然的诗文,出版了《匡庐山居诗》。

由于陈三立在当时的诗坛的名望很高,于是松门别墅一时成了当时庐山的文化中心。1931年夏天,徐悲鸿就曾受邀到松门别墅住了一个多月。在拜别老人前,他特意为陈家老少每人画了一张肖像画,以作留念。

1932年10月,子女们为三立老人举办了隆重的八十大寿,亲朋好友及各界名流纷纷前来祝贺。这次寿庆堪称中国文艺界的一件盛事,上海、南京等地的报刊都做了详细报道。

1933年夏,在清华大学任教的陈寅恪将父亲接到北京,三立老人就此一去不返,逝于三子身边。这也是陈家兄弟情深,孝悌传承的一种表现。

抗日战争爆发后,陈隆恪不愿屈服于日寇的淫威,连夜逃离上海,前往萍乡岳父处避难。陈隆恪一家在这里度过了六年安宁而平静的乡居生活。

在清溪的六年,陈隆恪游览胜景、交友访贤,足迹遍布萍乡各处。在家则与贺逊飞、喻相平诗酒唱和,谈古论今。这些都记录在他著的《同照阁诗集》中。

陈隆恪在清溪还见证了萍乡文化界的一件盛事——刘洪辟八十大寿重游泮水。重游泮水,是清代科举制度中的一种庆贺仪式。清代时期,考入府、州、县学的童生,须穿戴雀顶蓝袍拜孔子,称为"进学",又称"入泮"或"游泮"。自此日起期满六十年，须再行入学礼，作为曾考中秀才又享高寿的庆典称为"重游泮水"。无论是高官显贵，还是终老秀才，"重游泮水"是其学识和长寿的重大庆典，门生故交都会前来祝贺。

义宁陈氏诗书传家，非常重视子女教育。陈隆恪也将这一家风传承下去。他教育女儿陈小从的方式别有技巧。在清溪乡居期间，陈隆恪经常与女儿作诗联句、对对联、猜谜语。当时在"松荫堂"避难的有二三十口人，大舅父喻相平、大姨父贺逊飞都是清末举人，父亲也写得一手好诗，小孩子们最喜欢听他们讲文坛掌故、历史趣闻。在这样的环境下，陈小从耳濡目染，十几岁便积累了深厚的文化底蕴。

新中国成立后，齐燕铭推荐他出任上海文物管理委员会顾问，直至1956年去世。

陈隆恪所学和工作都偏重财经，诗却写得很好。陈氏兄弟都能作诗，但只有陈隆恪的诗酷似陈三立的风格，能继承父亲的衣钵。

另类人生的大弟

在陈氏兄弟中，陈方恪（字彦通）是唯一一个没有出国留学的。他在家族中排行第七，兄长们都称他七弟。在兄弟姐妹中，数他最有名士气派。

陈方恪文人气质浓厚，诗词俱佳。一方面受教于家学，另一方面益于父辈好友樊增祥、沈曾植、郑文焯、陈衍等人的点拨和熏染。

陈方恪小学读的是思益学堂，学习之余，经常在母亲的指导下研习古琴，兴起时和妹妹一起合奏一曲《平沙落雁》，博得一片喝彩之声。1905年，他与六哥寅恪一起就读复旦公学。1912年冬，陈方恪应狄葆贤之邀出任《时报》编辑。后梁启超介绍他出任中华书局杂志部主任。

不同于兄长，陈方恪将文人的狂放不羁表现得淋漓尽致。在上海期间，他加入洪门，还经常参加各种诗社的聚会。这种矛盾的个性奇妙地在他的身上得以统一。但他的这种另类的举动，很不受一生洁身自好的父亲喜欢。

由于交游广泛，陈方恪的日常花费相当高，时常面临入不敷出的窘境。在梁启超的介绍下，他到盐务署、财政部等处任秘书。

1920年秋，陈方恪回到了江西。在此后的几年之中，他得到赣省多任督军眷顾，先后担任江西图书馆馆长、景德镇税务局局长、田亩丈量局局长、鳌（同"厘"）金局局长等职务。

在江西任职期间，陈方恪经常回上海以诗会友。在一个诗社雅集中，陈方恪结识了小他十岁、家世不显的孔紫萸，两人一见倾心，私定终身。家人与亲友了解孔紫萸的家世后，全都极力反对，父亲陈三立更是多次劝阻，但从小就率性而为的陈方恪根本听不进去，一意孤行，不为所动。正因为全家人的反对，陈、孔两人虽然相伴终生，但一直未办婚宴，而这也成为他们一生的一大憾事。

1923年，因为母亲、大哥先后病逝，陈方恪回到家中。当他来到母亲的房中，看到琴架上多日无人抚摸的古琴时，睹物思人，泪如雨下，不由得发出"最忆秋灯同课读，书声琴韵两相宜"的慨叹。

1924年春天，江西局势不稳，陈方恪与孔紫萸一起回到南京，在散原精舍陪伴父亲左右一段时间。后来，二人返回上海，陈方恪受聘到无锡国学专修馆分校，教授古典诗词课程，同时在暨南大学、持志大学等校兼职授课。

1937年9月，85岁的散原老人陈三立在北京去世。因为时局动荡，交通不畅，陈方恪没能亲赴北京送父亲最后一程，这也是他每每想起，都感到遗憾的事情。

1938年11月，陈方恪被梁鸿志、陈群等昔日友人拉拢到南京，聘为教育部编审。当年底，他将家属、佣人接到南京。陈方恪为人机灵诙谐，结交庞杂，应酬很多，教育部的收入根本应付不了这些消费。于是他又接受了伪南京国学图书馆馆长、伪中国文艺协会理事等职务。此时，或许有人会叹忧凤竹堂风骨不在。但没想到的是，恰巧是这一阶段的经历，使得陈方恪开始反思自己从前的浪荡之举，内心根植的家国情怀开始苏醒。

1943年春天，经早年在上海结识的洪门兄弟的引荐，陈方恪开始为军统提供情报。他同时与共产党取得联系，支持他们的工作，并在经济上提供帮助。

1945年8月初,因军统藏于金陵刻经处的地下电台被破获,陈方恪被日本宪兵抓去关了多天,虽然他受到酷刑折磨,但是拒不承认与军统电台的关系。最后,经过友人的多方营救,陈方恪得以被释放出来。仅短短的十天时间,陈方恪已是满头白发,瘦骨嶙峋。体重仅四十余斤。

新中国成立后,陈方恪被安排在南京图书馆工作,他的生活才算安定下来。此后,他还担任过南京市政协委员和江苏省政协委员。进入新社会的陈方恪,仍像往日一样以诗会友,雅集唱和。1966年1月3日,陈方恪病逝,走完了不同于兄长们的另类人生。

秉承家训的小弟

陈寅恪最小的弟弟登恪(字彦上)比他小七岁,家族排行第八。与七哥陈方恪一样,陈登恪少时也在父亲陈三立创办的私塾和思益学堂研读经史,学习书画,打下了深厚的文史根基。因此,他同样擅长诗词,且在经学、小说等领域都有极深的造诣。

青年时代,陈登恪入读上海震旦学院,不久就读于北京大学文学院,尽得语言文字学家黄侃真传。陈登恪在北京大学读书时,陈寅恪正在清华国学研究院任教。为此,兄弟二人得以经常见面,陈寅恪不但对其生活给予多方照应,而且在学识上也给予帮助和指导。

陈登恪在北大读书期间,正是新文化运动兴起时。作为热血青年,陈登恪不但积极参加五四爱国运动，还曾加入李大钊发起成立的少年中国学会，积极探索改造中国的道路，参与讨论国事、世界形势等。

五四运动时期的前后，新思潮空前高涨。北京大学校长蔡元培提出了"思想自由，兼容并包"的办学方针，鼓励进步思想和精神，北大因此成为全国新文化运动的中心。

北大毕业后，陈登恪前往巴黎留学钻研法国文学。在巴黎，他与李璜、徐悲鸿等人交好，他们经常举办小型聚会，探讨文学艺术、社会历史问题等。

陈登恪学成回国后，模仿向恺然的《留东外史》，用陈春随的笔名写了一部反映留欧学生趣事的小说，被连载于上海《时事新报》副刊，风靡一时。此后，陈登恪再未写过此类小说，更不曾提及这本书，可见这本书的完成只是他一时兴起之作。

1928年，闻一多出任武汉大学文学院院长，陈登恪受聘为外文系教授，后来又任系主任。陈登恪举止儒雅、学识渊博，言谈中既有传统文化的造诣，也有西式思想的闪光，因此深受学生的喜爱和敬重。和在清华执教的六哥陈寅恪一样，陈登恪虽然教授外语，但是始终一身中式长袍，样子像极了私塾里的老夫子。

在武汉教书期间，陈登恪回庐山探望父亲，经嫂嫂喻徽的姐姐喻筠介绍，认识并迎娶了喻筠丈夫贺鹏武的堂姐贺黔云，二人在松门别墅结婚。

新中国成立后，陈登恪转任武汉大学中文系教授，充分显露他深厚的国学造诣。陈登恪与兄长们一样，平时也爱写诗填词，与诗友唱和，晚年曾将手抄的作品装订成册，之后不慎遗失，仅存一首亲友传诵的《咏乐山大佛》，颇为遗憾。

陈氏兄弟都擅诗词，但天性和喜好不同，又都能得到充分发展，且各有所成，如陈衡恪喜欢金石绘画，陈隆恪专注财经，陈寅恪好博览群书，陈方恪乐于吟诗作词，陈登恪专长文学。而身为父亲的陈三立能对每个孩子因材施教，使之朝着自己选择的方向努力，从不干涉。这正是义宁陈氏教育的智慧，也是大师、才子频出的原因之一。

三、岁月绵长兄妹相携

忠义孝悌，耕读传家的家风深深刻入了陈家每一代人的思想里，是这个家族延续中最宝贵的精神财富。最难能可贵的是，陈氏的女性也以其优良的品格和丰富的学识，展示了凤竹堂的风骨。陈寅恪的三个妹妹（康晦、新午及安醴）中，陈新午最具代表性，而她和陈寅恪之间的兄妹情深也令人感叹。

精明能干的九妹

陈新午生于1894年7月3日，那一年正好爆发了中日甲午战争，祖父陈宝箴由此就为其取名"兴午",寓意振兴国运,铭记甲午。因"兴""新"读音相近,久而久之,"兴午"就被叫成了"新午"。在家中,家人习惯称她为九姐或九妹,晚辈则称她为九姑。关于这种称呼的原因,一种说法是因为陈新午在大家族排行中第九,另一种说法则是因为她有两个漂亮的大酒窝。

陈新午从小机敏聪慧,活泼好动,深得父母宠爱。她个性好强,但办事干净利索,深得兄弟姐妹的喜爱。陈三立移居南京后,她随同兄长在父亲办的私塾和思益学堂读书,得以接受新式教育,加之从小受教于家学的影响,养成了她知书识礼、处事周到的特点。

母亲俞氏卧病后,陈新午就开始料理家族日常事务,而她的精明干练就越发突出。家庭内务,照顾老人,联络在外的兄弟姐妹,她将诸事安排得井井有条,更得父母倚重。尤其是母亲病故后,陈新午更是一个人挑起了管家的全部重担。

陈新午为人心直口快,有时甚至有点口无遮拦,由此就难免与人发生龃龉,但她却能全然不放在心上。偶尔家人与之发生冲突,她也只当作玩笑一带而过,或者下次见面当什么都没发生过。而家人也因为都了解她的性格,也不当真。

陈新午比陈寅恪小四岁,二人由于年龄相近,相处和交流的机会颇多。虽然二人性情截然相反,但在兄妹姐妹之间,二人在很多事上却能谈得来,感情也就格外深厚。正是因为兄妹之间的相知,陈寅恪才在遇到难以解决的事情时,首先就想到向她求援。

1923年，陈寅恪在德国柏林大学学习时曾在中文报纸上看到商务印书馆重印日本刻本的《大藏经》。彼时他在德国的研究侧于历史和佛教，对西方的对比研究法深有所悟，认为此法较国内传统的音韵、训诂研究法更有成效，便借鉴用此方法进行东方文化的比较研究。为了便于回国后继续研究，他曾写信托人帮助购买，可一直没收到回信。得知此次商务印书馆重印《大藏经》，他知道机会难得，万万不可错失，但预付款需要四五百元，这对于当时的他可谓天文数字。但嗜书如命的陈寅恪又不想错失这个机会。最后，他给在国内的妹妹陈新午写了一封长信，坦言此书的难得，以及对他回国后的研究非常重要，委托妹妹代为筹措购买，并请她把此信转寄给北京的大哥陈衡恪和五哥陈隆恪，请他们在遇到价格便宜的满、蒙、回、藏文书籍时，一起替他买下来，因为这类书籍存量极少，错过就很难再买到了。

陈寅恪和陈新午兄妹之间的这种危急时的互帮互助，加之血脉情深，更加深了彼此之间的情感，而这份感情也延伸到陈新午的婚姻。

1926年，陈寅恪在回国就任清华国学院导师时，除了随身携带的书籍和行李，身边还跟着一个聪明伶俐的小男孩。他叫俞扬和，是俞大维和一位德国钢琴教师的非婚生子。俞大维当时在柏林大学学习，自己的生活都很艰难，哪里还有精力照顾一个孩子。俞大为就托陈寅恪将孩子带回国，交由能干的表姐陈新午代为扶养。

陈新午个性爽朗要强，俞大为性格平和忠厚，二人性格互补，从小就是很好的玩伴。俞扬和到陈家时，陈新午已过而立之年，但一直待字闺中。俞扬和的到来，给家务缠身的陈新午带来了快乐和笑声，三岁的孩子正是淘气的时候，但陈新午与他投缘，结果一个大孩子带着一个小孩子经常玩得不亦乐乎。俞扬和由此走进陈新午的生活，也融入了陈家。1928年8月13日陈寅恪在上海大婚时，俞扬和以花童的身份站在了新娘唐筼的身边。

1929年，俞大维回国后，与陈新午结为夫妻。在这场婚礼上，最自豪的当属六哥陈寅恪和俞扬和，正是他们俩共同促成了这对新人的婚姻。

婚后，陈新午和俞大维一家过着温馨和谐的生活。陈新午将俞扬和视如己出，悉心抚育。俞大维对陈新午宠爱有加。后来二人又生育两个男孩——俞方济和俞小济。

相互扶持过难关

在此后的艰难岁月里，兄妹二人互相扶持，共渡难关，见证了兄妹情深。

抗战爆发后，陈寅恪带着全家南逃到香港，因为一路上奔波劳累，妻子心脏病复发，他安顿好病弱的妻子和三个女儿，便孤身转道越南，又经广西赴西南联大执教。

此时，陈新午和俞大为一家也跟随国民政府西迁到重庆。当时的重庆终日笼罩在日机轰炸的阴影之下，陈新午忧心自家人安全，尤其是自己的三个孩子——扬和、方济、小济的安全。1939年初，陈新午再也忍受不了对孩子的安全的担忧，干脆将三个孩子送到香港，请六嫂唐篔代为照看。而唐篔不顾自己病弱的身体和身边需要照顾的孩子，欣然接受委托。

1945年初，陈寅恪继右眼失明七年后，他的左眼也失去了光明。虽然当时也试图手术治疗，但由于医疗技术和条件所限，手术未获成功。陈寅恪无法接受双目失明的现实，家中的气氛压抑到了极点。

看着沮丧失眠的丈夫，唐篔格外担忧，深感自己的无力，度日如年。想到丈夫和九妹的关系亲密，应该能听进妹妹的话。于是她让女儿流求给重庆的陈新午写信，请她来一趟成都，开解丈夫。陈新午收信后马上就赶到了成都。

当时正值初春时节，陈新午还没进门，她那爽朗的笑声就传入屋内。她亲热地与六嫂和孩子们打招呼，来到六哥的床前，与他话起家常。她绘声绘色地回忆他们儿时的趣事，还不时拿六哥开玩笑，家中压抑与沉闷的气氛因此得以缓解。唐篔看到丈夫渐渐舒展眉头，终于放下了紧张的心情，暗自高兴她找对了人。

在陈新午到来的日子里，陈寅恪的家里总是笑声不断，每个人脸上都洋溢着快乐，几个月来笼在家中的阴霾一扫而空。孩子们一放学就缠着她讲故事，她喜欢和孩子们一起玩，每每和孩子们一起笑得前仰后合。

抗战胜利后，陈寅恪夫妇带着小女儿美延重返清华，流求和小彭留在南京金陵女大附中读书，寄住在九姑陈新午家里。北返之前，隆恪、方恪、登恪、康晦都从各地赶来，齐聚南京萨家湾的俞家，陈家兄妹在此留下了父亲去世后最全的一张全家福。在国民政府交通部宿舍的草坪上，唐筼与新午像两个闺蜜一样依偎着坐在前排，隔着照片都能感受到姑嫂二人的亲密。

俞大维和陈新午都很喜欢女孩，于是把留在南京读书的流求和小彭当自家女儿一样照顾，但对流求姐妹要求很严。那时的南京治安很乱，陈新午担心外面不安全，便要求姐妹俩放学要按时回家，不得单独外出。即使要去看电影，必须有表弟的陪伴。

远在清华的唐筼也惦记着两个女儿。她明知道流求姐妹在九妹家被捧成了珍宝，还是止不住牵挂她们的冷暖。她把旧毛衣改成四副手套，送给两个女儿和方济、小济两兄弟当新年礼物。

俞大维当时任国民党交通部部长，加之俞家是世家，家中迎来送往的事情不断。可他为官清廉，又逢物价飞涨，主持家务的陈新午需处处仔细盘算，但她从来都不曾委屈流求姐妹。

从此兄妹两相隔

1948年12月15日，蒋介石派飞机到北平南苑机场，专程接胡适等一批高等学府的文化学者撤离。俞大维让陈寅恪一家同机离开北京。在清华大学学习的陈流求不愿意离开，可考虑家中的实际困难，拖着病体的母亲要照顾失明的父亲，妹妹美延年小体弱，不得不与家人一起飞往南京，和姑姑一家在一起。之后，陈流求被俞大维夫妻安排进入上海第一医学院（今复旦大学上海医学院）继续学业，陈寅恪夫妇则带着女儿小彭和美延南下广州，在岭南大学稳定下来。

1949年新年过后，陈新午夫妇从上海飞往广州。在广州停留期间，两家人时常见面，非常珍惜这短暂的相聚。同年春天，陈新午夫妇经香港撤往台湾，从此兄妹二人音讯两隔。

1951年1月，唐筼思念九妹，赋诗一首表达思念这情：

> 烟雨迷蒙隔野塘，残梅欲尽柳争长。
> 何当共话西窗夜，人寿河清两渺茫。

1969年10月7日，陈寅恪在广州离世。料理完丈夫的后事，唐筼也追随而去。半年后，消息传到台湾，国民党中央研究院史语所举行悼念活动。俞大维作了感人至深的发言（后被整理成《怀念陈寅恪先生》）。在发言期间，他几度哽咽，而台下的九妹陈新午早已泪流满面，悲痛不已。

那时，陈新午的眼前，可能浮现了昔日湖南巡抚署后花园，成都华西坝，南京头条巷的"散原精舍"，萨家湾的国民政府交通部宿舍，广州康乐园……兄妹共处的身影。从此之后，世上再无那个疼她知她的六哥陈寅恪。1981年，陈新午病逝，或许她已经与疼爱她的六哥六嫂相聚。

2003年6月，陈流求三姐妹将父母骨灰合葬于江西庐山植物园。第二年，征得表弟俞小济同意，陈流求和陈美延将九姑弥留时剪下的一缕头发灰化，埋于父母墓旁，让他们在地下相见，像小时候一样相扶相伴。

也许，在另一个世界，新午仍会高声地笑谈六哥的趣事……

第九章

踽踽独行的国学大师

《增广贤文》有言："观今宜鉴古，无古不成今。"司马光在《资治通鉴》中说："鉴前世之兴衰，考当今之得失。"历史是一面镜子，尊重历史才能更好地与时俱进，走向未来。这是史学研究者的共识，更是史学大师陈寅恪进行历史研究、编写相关著作所遵循的原则。这位具有强烈时代责任感的史学研究者，秉承着学术救国的理念，在史学研究之路上踽踽独行，以史为证，以心著述，推动了中国史学研究的进步。

一、学术救国，借历史唤醒民族精神

回顾陈寅恪的学术经历，1928年至1931年是至关重要的阶段。在欧洲游学和清华国学研究院时期，他的研究是以语言文献学为基础的东方学和印度中亚佛教在中土的接受演变史为主，此后开始逐渐转入中国古代史的教学和研究。其研究方向的转变有多方面的原因。

就个人生活而言，1929年的陈寅恪是安定而愉快的，新婚不久的他，"形态丰采，焕然改观"，并私下表示要"专心著述"。但两个外因应该是最主要的驱动力，一是清华学校扩大为清华大学和史语所的成立，二是"皇姑屯事件"和九一八事变的爆发。

国仇下的觉醒

1928年,清华学校更名为清华大学,向综合性大学转变。次年,清华国学院停办后,陈寅恪成为历史、中文两系合聘教授。同年,中央研究院史语所迁至北京,将原设的八个工作组归并为三个学术组,陈寅恪出任历史组主任。教学和任职身份的变化,成为推动其关注点转变的直接因素。

1928年6月4日清晨,因张作霖抵制日本在"满蒙"筑路、开矿、移民等无理要求,日本关东军在皇姑屯车站炸毁了张作霖的专列。张学良接手东北军政后,通电全国"服从国民政府,改旗易帜",继续对日本采取不合作的态度,1931年9月18日,穷凶极恶的日本帝国主义又在沈阳北大营打响了武力侵占东北的第一枪,东北沦陷。

1931年9月19日,胡适给陈寅恪寄去《题唐景崧先生遗墨(陈寅恪先生嘱题)》一诗,后四句是:"几支无用笔,半打有心人。毕竟天难补,滔滔四十春!"陈寅恪回信慨叹:"以四十春悠久之岁月,至今日仅赢得一'不抵抗'主义。诵尊作既竟,不知涕泗之何从也。"(《胡适日记全集》,台北,联经出版社,2004年;另见《陈寅恪集·书信集》)

九一八事变爆发后,陈寅恪受到很大刺激,积极参与到抗日救亡活动中。与傅斯年等在《北晨学园》发表《二十年武力厉行对日经济封锁》,文中指出,如果按此办法严厉执行,"则不特此次对日胜利,而自甲午以来四十年之国仇至此一雪"。随后,又与史语所同人编写了《东北史纲》,反驳日本关于东北不是中国领土的谬论,还专门出了英文本由顾维钧寄给在日内瓦的国际联盟。

以史救国的志向

继甲午海战后,"皇姑屯事件"和九一八事变对陈寅恪及其家族的触动更大,引发的思考也更深刻。他认为一个民族的兴衰取决于民族精神的强弱,强调历史文化是一个国家的灵魂命脉,所以他说"国可亡而史不可灭",将史学研究提升到救国的高度。他挖掘历史盛衰背后的根源,希望借此唤起国人的文化信心,从而振奋民族精神。他的研究视点自然而然地落在了中国历史上极盛的隋唐时期。

陈寅恪的史观受到文化、现实、自身成长经历和西方历史研究方法等多方面的影响。祖父陈宝箴和父亲陈三立是晚清政治改革的推动者和经历者,他们的思想筑成了陈寅恪考察和解读历史的思想框架,正如他说自己"囿于咸丰同治之世,议论近乎湘乡南皮"之间(湘乡指曾国藩,南皮指张之洞)。

甲午海战之后,日益深重的民族危机深化了文化危机,随着"西学东渐",西方民族主义理论传入中国,"民族精神"成为近代中国文化学者关注和论争的热点,进而发展为新文化运动和五四运动。

生活、教研和时局的连续变化，使陈寅恪意识到历史研究不仅是象牙塔里的学术，还具有救治时局的作用。

在新旧交替的转折时期，爱国学者以改造文化、改造社会为己任，积极探索拯救中国的道路。鲁迅通过针砭时弊、痛斥旧文化来唤醒民众。陈寅恪奉行学术救国的理念，则潜心在中国历史中探寻民族传承的源流，希望通过自己的学术研究来振奋民族精神。就这样，他在历史盛衰、制度更替和文化演变中寻找民族独立和文化自信的基础。

二、究历史，苦心研究隋唐政治

1931年，陈寅恪在《历史语言研究所集刊》上发表了《李唐氏族之推测》，这是他进行隋唐史研究的开端。1932年秋，他开设了"晋南北朝隋唐文化史"课程，将更多的授课和研究精力投入唐史研究中。此后十年间，他又发表了十余篇富有开拓性的唐史研究成果。

1940年后，陈寅恪在抗战烽火连绵的艰苦条件下完成了《隋唐制度渊源略论稿》和《唐代政治史述论稿》。虽然此后其也有重要成果，但是大都限于这两个论稿的框架之内。这两部著作概述了唐代政治制度的一体两面，前者探究隋唐国家制度的结构及其来源，从南北朝承续的汉魏传统揭示隋唐治理体制的构成；后者关注唐代政治进程的脉络及统治集团的构成和纠葛，主要讨论唐中期以后的政治变化，分析中融入了陈寅恪自身经验中的晚清政治观点。

究国家制度之《隋唐制度渊源略论稿》

在《隋唐制度渊源略论稿》的叙论中，陈寅恪开宗明义地说明他写作的因由，他说："夫隋唐两朝为吾国中古极盛之世，其文物制度流传广播……而迄鲜通论其渊源流变之专书，则吾国史学之缺憾也。"因此他在本书中追溯其源，"聊供初学之参考"。

宋以后的史学观点认为隋唐制度承自西魏北周，陈寅恪不同意这种看法，他开篇提出自己的论点，清晰地指出隋唐制度的三个来源：一是北魏、北齐，而北齐则承袭了北魏仿效的东晋、南朝前期的制度，并包含了河西文化；二是梁、陈，梁陈继承了前代的制度，被统一后的隋朝吸收采纳，继而传至唐代；三是西魏、北周，其制度是关陇地区的旧时汉文化融合了北方的鲜卑六镇势力而创制的混合品。三个来源的差异不仅在于地域和政治差别，也在于文化传承。他认为前两者才是隋唐制度的主要源流。他在书

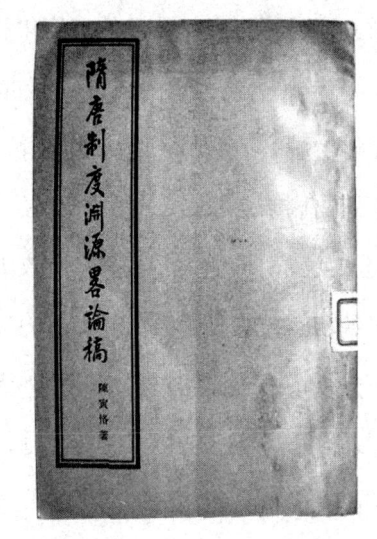

《隋唐制度渊源略论稿》（陈寅恪著）

中考证和列举了大量史料，用严密的逻辑证明自己的结论。

《礼仪》是论述最为详细的一章。陈寅恪指出"礼制本与封建阶级相维系，唐以前士大夫与礼制之关系既如是之密切，而士大夫阶级又居当日极重要地位。"所以他耗费大量笔墨证明隋唐制度的三个源流及相互关系。

陈寅恪认为礼仪中蕴含和折射了一个政权的治理逻辑和文化内涵。他讲孝文帝用夏变夷、兴革文物，说明南朝前期的文化制度传入北魏北齐；而北齐虽然文化正统仍在山东，但是北齐未能完成统一大业。

陈寅恪的另一个重要观点是，河陇地区的文化是北魏、北齐、西魏、北周文化的重要组成部分，该地区历经战乱却仍能成为文化重心，是因为文化传承的家族化和地域化。

《职官》一章的核心论点是"说明唐代官制近承杨隋，远祖（北）魏、（北）齐而祧北周者，与周官绝无干涉。"主要研究宇文泰效仿周制的原因、范围和意义。宇文泰"阳传周礼经典制度之文，阴适关陇胡汉现状之实"。他效仿周制只是为了团结内部力量统辖胡汉各族的人心，是其精神一统的文化政策，而非文化继承。陈寅恪在前一章论证了北朝"文化高于种族"的观点，"全部北朝史中凡关胡汉之问题，实一胡化汉化之问题，而非胡种汉种之问题。"北朝胡族的汉化进程反而使南朝前期的典章和文化传承下来。因此唐代承袭了北魏、北齐、隋的系统，受到西魏和北周影响较少。

《刑律》一章论证了刑律的历史演进过程,"隋唐刑律之渊源,其大体固与礼仪、职官相同,然亦有略异者二端"。陈寅恪从多角度论证了隋唐刑律承袭自北魏到北齐,兼采山东汉代律学与江左律学,其中河西因子尤为显著。总体而言,隋唐的广纳博取,是其盛极一时的重要因素。

《音乐》一章论证了"唐之胡乐多因于隋,隋之胡乐又多传自北齐,而北齐胡乐之盛实由承袭北魏洛阳之胡化所致。"陈寅恪不赞同古代史官提出的唐朝胡乐因袭于北周的观点,他证述指出,北魏洛阳的胡族音乐为北齐和隋继承,唐朝在此基础上,又融合继承了部分南朝音乐。

《兵制》一章论证府兵制的演变,陈寅恪将其分为前后两个阶段进行考证。他得出的结论是,"府兵制之前期为鲜卑兵制……其后期为华夏兵制……其前后两期分划之界限,则在隋代。"他指出隋唐的府兵制深受西魏、北周的影响,但从西魏到唐代并非一成不变,而是渐次变革的结果。"周文帝、苏绰则府兵制创建之人,周武帝、隋文帝其变革之人,唐玄宗、张说其废止之人。"

《财政》一章考证了唐代中央财政制度"江南地方化"与"河西地方化"的演变过程。陈寅恪认为唐代财政制度源自北方,受河陇地区影响较深。这是因为唐朝对西北实行积极的军事政策,所以"河湟地方传统有效之制度实有扩大推广而改为中央政府制度之需要"。同时,北方历经战乱,人民流散,政府控制了广大的无主土地，所以能施行均田，而南方经济发达，注重关市税。唐代统一后，随着北方社会经济的复苏，整体达到南方的水平后，其经济制度必然逐渐"南朝化"。

《隋唐制度渊源略论稿》论证了从魏晋南北朝到隋唐，华夏文明屡遭外族入侵，在乱世激荡之下通过种种方式得以延续，并融合了各族文化。正因隋唐制度融会了上述三个来源，才成就其盛极一时的景观。

本书的价值在于揭示隋唐制度渊源，澄清三个来源的地位区别，反驳旧的历史源流观点；重新认识了"河陇集团"在传承华夏文明的重要意义；提出"文化高于种族""河西地方化"和"江南地方化"等观点。陈寅恪通过详尽的考证论述，厘清了从南北朝到隋唐的制度传承，对其后的唐史研究影响巨大。

论政治变化之《唐代政治史述论稿》

《隋唐制度渊源略论稿》发表的第二年，陈寅恪又发表了《唐代政治史述论稿》，这两部著作互为补充，是唐史研究的一体两面，从不同角度证述了隋唐盛世的文化源流和历史演变。

《唐代政治史述论稿》分上、中、下三篇，分别论述了统治阶级之氏族、政治革命及党派分野、外族盛衰之连环性及外患与内政之关系。他以民族与文化为主线，对唐代政治制度提出了新的见解。

上篇以"关中本位政策"的兴废为线索考察唐代政治的兴衰。陈寅恪直陈"唐一代三百年间其统治阶级之变迁升降，即是宇文泰'关中本位政策'所鸠合集团之兴衰及其分化。"

陈寅恪认为"关中本位政策"始于北周宇文泰统治时期。宇文泰割据关陇，他的物质与文化精神都不如齐梁，他为了团结

图为《唐代政治史述论稿》手写本一页

内部力量，融合关陇区域内鲜卑六镇的胡族，采取了效仿周制的文化政策。陈寅恪概括为"物质上应处同一利害之环境，即精神上亦必具同出一渊源之信仰，同受一文化之熏习，始能内安反侧，外御强敌。"

武则天统治时期，大兴科举，"破格用人"，原"关陇集团"旧氏族逐渐被新兴阶级替代。到唐玄宗时期，"关中本位政策"完全瓦解。陈寅恪的证述，敏锐地洞悉了河西文化在隋唐文化流传中的重要地位，他总结道："举凡进士科举之崇重，府兵之废除，以及宦官之专擅朝政，蕃将即胡化武人之割据方隅，其事俱成于玄宗之世。斯实宇文泰所创建之关陇集团完全崩溃，及唐代统治阶级转移升降即在此时之征象。"

中篇论述了夺权斗争和牛李党争。陈寅恪所指的政治革命,是指中央或地方若干势力的夺权斗争。他指出"唐代历次中央政治革命之成败,悉决于玄武门即宫城北门军事之胜负"(注:玄武门之变)。安史之乱后,中央政局不稳定,尤其是代宗以后,宦官控制了皇帝的废立。

关于党派分野,主要论证了牛(僧孺)李(德裕)党争及士大夫与宦官的关系。陈寅恪赞同清代学者沈曾植的观点,将党争的焦点归结为对科举的态度。牛党重科举,李党重门第。党争的根本是两晋、北朝以来的士族与科举出身的新贵互不相容。陈寅恪详细论证了两党势力消长与内宫的宦官的关系,及二者关系的变迁。

下篇考察了中央与外族政权的兴衰关系。陈寅恪认为,"某甲外族不独与唐室统治之中国接触,同时亦与其他之外族有关,其他外族之崛起或强大可致某甲外族之灭亡或衰弱……而唐室统治之中国遂受其兴亡强弱之影响,及利用其机缘,或坐承其弊害",所以说"中国与其所接触诸外族之盛衰兴废,常为多数外族间之连环性,而非中国与某甲外族间之单独性也。"

陈寅恪以突厥、回纥、吐蕃、高丽、南诏之间的盛衰关系为例,阐明唐与少数民族政权盛衰之间的关联,要统一审视不同政权之间的盛衰关系。"故观察唐代中国与某甲外族之关系,其范围不可限于某甲外族,必通览诸外族相互之关系。"

陈寅恪透过隋唐制度变更和民族分合的表象,揭示了文化演变的根本。这两部著作是他确立唐史研究地位的重要论著，不止论述了新的学术见解，还具有重要的现实意义。

1941年，日本帝国主义锋芒正盛，重庆国民政府内部弥漫着消极抗战的情绪。陈寅恪这两部论著给人们的启示是，审视中国与日本的实力消长关系时，要考虑到日本与德意两个轴心国盟友和美英苏等同盟国之间的关联，整体衡量外部势力之间的消长，才能明了中国艰苦抗战的意义和希望，坚定中国必利的信心。最终的事实也证明，1941年12月7日，狂妄的日本海军偷袭了美国太平洋海军舰队基地——珍珠港，促使美国直接参战。中国的国力和抗战局势保持不变，但日本和美英苏之间的对抗变化，改变了中日之间的力量消长，加速了抗日战争的进程和日本帝国主义的灭亡。

三、以诗证史，品析元白诗作

以诗证史，是历史学研究的一种独特方法，自宋代以来，史学研究者就开始将诗文作为史料使用，开启了以诗文证史的传统。陈寅恪继承和发展了这一传统，并充分运用在《元白诗笺证稿》中。

引史观诗，品个中滋味

1929年，陈寅恪先后开设了"唐诗校释""元白诗研究"课程,并进行专题研究。陈寅恪认为元稹和白居易的诗独具史料特点,二人都是活跃于中唐时期的重要诗人,政治和社会生活丰富,内容涉及广泛,且数量众多。陈寅恪利用诗歌佐证和补充史书记载,丰富了唐史研究的史料范围,拓宽了唐史研究的视角。他借"元白诗"考证了唐代的制度、器物、风俗、文坛风气等问题。

《元白诗笺证稿》是陈寅恪"以诗证史"的代表作,其精彩之处在于,既能以诗证史,又能引史证诗,诗史互证,不仅是史学论著,也堪称文学专著,对唐史和文学研究都影响深远。

全书分别论述了白居易的《长恨歌》和《琵琶行》,元稹的《连昌宫词》和《艳诗及悼亡诗》,以及"元白诗"中篇幅大的《新乐府》和《古题乐府》,共六章及附论五篇。

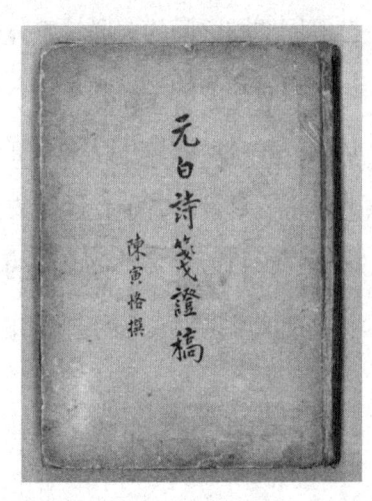

《元白诗笺证稿》(陈寅恪撰)

该书以《长恨歌》起笔,陈寅恪直言:"欲了解此诗,第一,须知当时文体之关系。第二,须知当时文人之关系。"点明此章考证的重点。

他从"文起八代之衰"的古文运动谈起,认为小说文体的兴起"与古文运动有密切关系,影响和推动了唐代小说、散文及诗歌创作，其优点便在于创造，而其特征则尤在备具众体也"。唐代文学家陈鸿的《长恨传》（又名《长恨歌传》）与白居易的《长恨歌》并非"通常序文与本诗之关系，而为一不可分离之共同机构"。

何谓文人关系？元稹与白居易关系密切，二人以诗"相戒""相勉""相慰""相娱"，其诗风互相影响。这种现象在当时非常普遍，但并非单纯的效仿或沿袭对方的文体和立意，而是各有改进和增创。当时的文人名士互有启发，各尽才智，竞相超越，共同创造了唐诗的巅峰时代。由此可以推断，白居易的《长恨歌》和陈鸿的《长恨歌传》，受李绅的《莺莺歌》和元稹的《莺莺传》的影响，《连昌宫词》又受白居易、陈鸿的《长恨歌》及《长恨歌传》的影响，这中间的因袭演化，通过文体和文人关系便可一目了然。

综合而言，"《长恨歌》为具备众体体裁之唐代小说中歌诗部分，与《长恨歌传》为不可分离独立之作品"。阅读、欣赏和评论时，必须将歌、传合并来读。

陈寅恪在第二章探讨了《琵琶行》（陈寅恪在书中用别名《琵琶引》），他提出："今世之治文学史者，必就同一性质题目之作品，考定其作成之年代，于同中求异，异中见同，为一比较分析之研究，而后文学演化之迹象，与夫文人才学之高下，始得明了。"

他在此文中比较了白居易的《琵琶行》与元稹的《琵琶歌》，刘禹锡的《泰娘歌》和李绅的《悲善才》，认为白、刘诗的词句和意旨都胜于李、元二人。

元稹的《琵琶歌》作于元和五年,白居易的《琵琶行》作于元和十一年,白居易就同一性质的题目加以改进,既为长安歌女的飘零和感今伤昔而作,又借此感怀自己被贬江州的沦落,更觉前路迷茫,将诗人与所咏之人合而为一,"感慨复加感慨",这种意旨是元稹不能企及的。

陈寅恪认为,读《琵琶行》,不可不读《琵琶歌》,原因不仅在于可以窥探两诗的意旨关系,还可以校勘字句,深入理解作者的感伤与迷茫。

诗史互证,记录历史瞬间

元稹的《连昌宫词》深受白居易《长恨歌》及陈鸿《长恨歌传》的影响,合并融化唐代小说之史才、诗笔、议论为一体而成。

对《连昌宫词》主要聚焦于时间的考证。陈寅恪先提出两种假设,即凡论《连昌宫词》者,有一先决问题,即此诗为作者经过行宫感时抚事之作,抑或为作者闭门伏案依题悬拟之作。接着提出该词为写实之作的五个可能时间,逐一考证并否定,确定《连昌宫词》是闭门伏案的悬拟之作,且成诗时间为元和十三年。词中多处涉及四季景观,陈寅恪即凭此论证成诗时间及相关史实。

第四章探讨了元稹的《艳诗及悼亡诗》,陈寅恪指出:"其悼亡诗即为元配韦丛而作。其艳诗则多为其少日之情人所谓崔莺莺者而作。"元稹以其绝世才华抒发男女哀艳缠绵、悲欢离别的情感，对后世的文人学者影响深远。比如《莺莺传》只是他附庸风雅的小说，其后竟演变成传世的戏曲巨作。

这两类诗都与男女夫妇有关，但情感主旨、内涵却大有不同。陈寅恪联系元稹生平考证了三方面的问题："（一）当日社会风习道德观念。（二）微之本身及其家族在当日社会中所处之地位。（三）当日风习道德二事影响及于微之之行为者。"

陈寅恪在《隋唐制度渊源略论稿》中论证了唐朝的文化、制度源于魏晋南北朝，社会风气倾向于攀附门第，在婚姻方面尤为突出。到唐中期，新旧道德标准和社会风习并存，但"正不肖者用巧得利，而贤者以拙而失败之时也。故欲明乎微之之所以为不肖为巧为得利成功，无不系于此仕婚之二事。以是欲了解元诗者，依论世知人之旨，固不可不研究微之之仕宦与婚姻问题"。元稹"弃寒族之双文，而婚高门之韦氏"，利用婚姻增高其社会和政治地位，与当时的社会风气和道德观念密不可分。由此也可以推断，元稹的出身地位并不高。

唐以诗赋取士，"重词赋而不重经学，尚才华而不尚礼法"，所以唐代进士多有浮薄放荡之徒。

自古以来，我国文学的礼法顾忌较多，少有涉及男女闺房燕昵之情。而元稹"文章极详繁切至之能事，既能于非正式男女间关系如与莺莺之因缘,详尽言之于会真诗传,则亦可推之于正式男女间关系如韦氏者,抒其情,写其事,缠绵哀感,遂成古今悼亡诗一体之绝唱,实由其特具写小说之繁详天才所致,殊非偶然也"。

新乐府,即"新题乐府",相对于古乐府而言,指的是一种用新题写时事的乐府诗,不再以入乐与否作为标准。元稹和白居易都很推崇杜甫的诗,二人的新乐府之作"乃以古昔采诗观风之传统理论为抽象之鹄的,而以唐代杜甫即事命题之乐府,如《兵车行》者,为其具体之模楷"。

安史之乱后,社会动荡、政治腐败,有识之士试图通过政治改良挽救国势,这种想法在文坛上表现为古文运动与新乐府运动。新乐府继承了杜甫的写实风格,反映民生疾苦和社会弊端。这种创作风气触动了权贵阶层,发展并不顺利,但其忧国忧民的情怀却是难能可贵的。

白居易的乐府诗改良了乐府古诗,通俗易懂,适于在民间口头流传,"正同于以'古文'试作小说之旨意及方法",其价值更大、影响更为深远。

相较于元稹的繁复与庞杂,白居易的作品更具体直白,每篇只说一件事,提出一种意旨,而不杂议他事。元稹使用的词句常取材于经史,难免生涩难懂,白居易的作品则简单流畅,富于诗歌之美。

白居易创作的五十首新乐府诗,多是针砭时弊,反映当时的社会问题。其中反映的大量社会问题，与史书记载相佐证，可为研究唐史增添重要的史料。（详细考证见陈寅恪先生《元白诗笺证稿》原著，此处不再赘述。）

第六章讨论了《古题乐府》，对比元、白之高下，二人是诗友，也是诗敌，他们互相效仿、改进和进益，"有仿效，然后有似同之处。有改创，然后有立异之点"。陈寅恪认为元稹的《新题乐府》不及白居易，主要有两个原因："一为一题涵括数意，则不独词义复杂，不甚清切……二为造句遣词，颇嫌晦涩。"但《古题乐府》"或题古而词意俱新，或意新而题词俱古"，这是元稹的创新之处。

陈寅恪还简单分析了元、白乐府诗的理论来源，提到刘（禹锡）、柳（宗元）提出的天人之说，进而引出元稹"赖得人道有拣别，信任天道真茫茫。若此撩乱事，岂非天道短，赖得人道长"的见解。

《附论》部分考证了五个相关问题，可作为理解前文的补充。分别为（甲）白乐天之先祖及后嗣（乙）白乐天之思想行为与佛道阐系；（丙）论元白诗之分类；（丁）元和体诗；（戊）白乐天与刘梦得之诗。

可入史之诗，多半从微观的角度记录历史，其中所蕴藏的史料，往往可以佐证当时的正史记载，进而论证当时的政治、经济、道德和社会价值观念。陈寅恪以元稹艳诗与悼亡诗论证当时的社会风气就是"以诗证史"的一个绝佳例子。

四、赠来者,诠释一代名妓荣辱

谈陈寅恪的成就,《柳如是别传》是必须提的。这本书是他在失明的晚年,耗费10年时间,口述完成的。其中的辛苦自不必言,但恰恰是这部著作让人们看到其深厚的文学和史学的底蕴,以及其"以诗证史"的理论体现。

一粒红豆之缘

1965年,双目失明的陈寅恪耗费10年时间,在助手黄萱的协助下,完成了《柳如是别传》原题为《钱柳因缘诗释证稿》。这部作品是他的巅峰之作、晚年的封刀之作,更是他"以诗证史"理论的集中体现。

《柳如是别传》(陈寅恪著)

陈寅恪自称此书的写作初衷缘起于一粒红豆。当时正值抗战时期,陈寅恪旅居昆明,任教于西南联大。一天,嗜书如命的他无意中获知一个卖书的人,他就兴冲冲地前去,希望能觅到价廉物美的好书。结果到了地方之后,面对着那些内容低下、纸张和印刷皆粗陋不堪的书，他大失所望。然而，看着一脸希望自己买书的卖书人，他又不忍就这样离开。于是他就问对方是否还有其他东西出售。卖书人犹豫了很久才说，自己当初曾到江苏常熟玩时，无意中在白茆港钱氏故园那里捡到了一粒红豆，因其出产地和寓意，自己就一直保留下来。虽然红豆不值什么钱，但是钱谦益故居的红豆，意义自然不凡。

钱谦益，字受之，号牧斋，是明末清初诗坛的盟主之一，与顾炎武、黄宗羲齐名，当时人们将他与吴伟业、龚鼎孳合称为"江左三大家"。陈寅恪少年时就在舅舅俞明震家读过很多钱谦益的作品，知道这是一个内心复杂的人。一方面，他是明末东林党人的首领，官至礼部尚书，内心对明王朝有着深厚的情感；另一方面，他又在清兵南下时失节投降，做了清王朝的翰林院学士，最后因为感觉羞耻就在常熟过着看似隐居作诗，实际支持反清复明的活动。

作为史学家，陈寅恪能了解钱氏当时的无奈和此后的矛盾与悔恨，于是就心甘情愿地出钱将这粒红豆买下，且小心地收藏于书箧中，一存就是二十年。1964年，陈寅恪先生作了《咏常熟红豆》诗：

> 东山葱岭意悠悠，谁访甘陵第一流。
> 送客筵前花中酒，迎春湖上柳同舟。
> 纵回杨爱千金笑，终剩归庄万古愁。
> 灰劫昆明红豆在，相思廿载待今酬。

在这首诗前的序中,他写道:"昔岁旅居昆明,偶购得常熟白茆港钱氏故园中红豆一粒,因有笺释钱柳因缘诗之意,迄今二十年,始克属草。适发旧箧,此豆尚存,遂赋一诗咏之,并以略见笺释之旨趣及所论之范围云尔。"或有感于他此时正因日寇侵华的战火而避走昆明,与钱氏明末清初时的境况颇有相似之处,因此产生了笺释钱(谦益)柳(如是)因缘诗的想法,意图弘扬民族独立之精神。

同时,在以往的历史故事中,柳如是不过是一个才貌出众的青楼女子。但陈寅恪先生经研究发现,在朝代更迭之际,柳如是比五尺男儿(钱谦益)更看重民族大义。她的遭遇触动了陈寅恪对百余年家族和国家命运的感怀。

概括而言,正是上述多种因素才促成陈寅恪在腿疾目盲的情况,耗费十年时间完成了八十余万字的这部著作。诚如他的助手黄萱在事后感慨地说:"寅师以失明的晚年,不惮辛苦,经之营之,钩稽沉隐,以成此稿。"

以诗证史析人物风华

为了写作《柳如是别传》,陈寅恪先生首先考证了柳如是的出身和姓氏。柳如是并非本名,根据陈寅恪考证,柳如是用过的许多名号，有：杨爱、云娟、美人、影怜、杨朝、朝云、柳是、柳隐、柳因、柳如是、蘼芜、河东君等。柳如是，本姓杨，后来改姓柳，幼年被卖到盛泽镇名妓徐佛家为养女，从小聪慧过人，很早就会作诗，其诗风格清新别致，用词大胆奇特。

据陈寅恪考证，柳如是的早期情感生活中有两个重要人物：一个是周道登，另一个是陈子龙。

周道登是周宋理学之鼻祖周敦颐的后裔，明末崇祯的内阁首辅。柳如是在十几岁时被卖到周道登家为婢，后被逼为妾。周道登死后，她被逐出周家，流落归家院，被迫成为歌妓。

某日，柳如是在十间楼舞弄琴曲为大家助兴，引得王鲲挥毫泼墨，写下《十间楼诗》：

> 柳荫深处十间楼，
> 玉管金樽春复秋。
> 只有可人杨爱爱，
> 家家团扇写风流。

此诗使柳如是盛名远播，她也走出归家院，结识了书画名家陈继儒（号眉公，著有《小窗幽记》等）、钱塘才女林天素、松溪道人汪汝谦（字然明，著有《春星堂诗集》《松溪集》等）等人。她的世界大了起来，生活为她展开了一个理想的模样。

崇祯五年（1632年），柳如是流落松江，在这里与云间派词人陈子龙结缘，二人意笃情切，长居松江。二人赋诗作对，互相唱和。但这样的生活并未长久。陈子龙原配夫人张氏带人闹上门，柳如是不甘受辱，悲然离去。虽然陈子龙对柳如是依然如故，但柳如是不多纠缠，当断则断。后陈在抗清起义中不幸战败而死。

柳如是在松江与复社、几社、东林党人交往，常着儒服男装参加文人雅集，与四方宾客谈论，唱和诗歌。

崇祯十一年（1638年），二十岁的柳如是结识了她人生中最为重要的人物——东林党领袖、大文豪钱谦益。钱谦益一见柳如是，即折服其才华，两人感情迅速升温。钱谦益在其居住的半野堂为柳如是另筑"我闻室"（取自佛典"如是我闻"的成语）。二人常徜徉于常熟的湖光山色之中，以诗酒作伴。柳如是用情至深，愿嫁已年过半百的钱谦益。

钱谦益不顾世人反对，大婚迎娶柳如是，并专门为她建造"绛云楼"。柳如是的文采清新豪迈，大有巾帼不让须眉之势，钱谦益戏称其为"柳儒士"。

崇祯十七年（1644年），北京失陷后，柳如是支持钱谦益做了南明的礼部尚书。不久清军挥鞭南下，顺治二年（1645年），清军兵临松江城下时，柳如是劝钱谦益"宜取义全大节，以副盛名"。二人来到拂水山庄的水池前，钱谦益下水试了试，借口水冷而犹豫不前。柳如既恨又怒，便想一个人跳入池中独自殉国，被钱谦益等人拉住。柳如是冷笑道:"此沟渠水,岂秦淮河耶?"说得钱谦益又羞又愧。二人的性格,一个诙谐勇敢,一个迟疑怯懦,由此可见一斑。

明清更替之际,钱谦益选择了向清军投降,为柳如是所不耻。钱谦益降清后被封为礼部侍郎兼翰林学士,柳如是羞于与他同行,坚持留在常熟家中。此前赴任南明礼部尚时,柳如是戎装大马,与钱谦益并肩前往。受柳如是的气节影响,钱谦益半年后便称病辞归。

经历亡国之痛,加之清廷颁布剃发令,令忠于传统文化的江南士大夫痛不欲生。顺治四年(1647年),陈子龙密通黄斌卿反正,事败被捕,投水殉国。同年,钱谦益也因黄毓祺反清案被捕入狱。

顺治五年(1648年),柳如是四处奔走,携重金贿赂,救出了钱谦益,并鼓励他与仍在台湾坚持抵抗的郑成功、张煌言、瞿式耜、魏耕等人联络,资助、慰劳抗清义军。

钱谦益后半生力图弥补其投降之举带来的非议,却依旧被前朝同僚讥讽,被后朝皇帝轻看。他的后半生充满了矛盾与悔恨,带着这种苦涩的心态郁郁而亡。

康熙三年(1664年)五月二十四日,钱谦益去世。其后,柳如是不忍乡里族人、恶霸豪强欺凌,于海虞镇荣木楼自缢而亡。"柳夫人遗嘱"云:"我来汝家二十五年,从不曾受人之气。"尽显其刚烈之性。

柳如是死后被葬于虞山拂水山庄,她相约钱谦益"取义全大节"之所。一代才女就这样结束了自己的一生,享年四十六岁。

柳如是有一女,嫁给了无锡编修赵玉森之子。

以史证人抒内心感受

柳如是的经历和精神,深深地触动着陈寅恪的心灵。所谓"天下兴亡,匹夫有责",柳如是虽为一介青楼女子,却有着深厚的家国情怀和政治抱负,尚能与国家共危亡,何况身为读书人的自己呢?同样经历了乱世的陈寅恪先生就这样被其深深触动,决心为这位青楼女子正名,为她写别传,以此呼唤民族魂和士人魂。

他通过钱柳因缘诗,考证了"吴江故相"周道登、"云间孝廉"陈子龙,及其移居钱兼益故居半野堂与明亡之后的生平事迹,对二人诗中反映的文化、风俗、政治也进行了详细的考证。这就使得《柳如是别传》和一般的传记不同,不仅考证了柳如是的故事,也全景展示了明末清初江南文人的精神状态,以及当时的江南风貌,具有极高的历史价值和文化价值。

陈寅恪虽然看不见,但是他的大脑却始终没有停息,投入十年的精力,在助手黄萱的协助下笔耕不辍,写到心动处,常常"感泣不能自已"。

他对柳如的评价极高,赞其敢于追求人生幸福,且深有民族大义的精神。前朝灭亡时,无数士子投靠清廷,柳如是却欲一跃殉国。她的这种精神深深触动着同样经历了日寇入侵、国土沦丧的陈寅恪。

陈寅恪史学研究的民族情结，特别是他对民族文化的认识，对于今天如何认识传统文化与外来文化，弘扬中华民族精神仍具有值得借鉴的意义。

附录一
陈寅恪大事记

1890年7月3日,出生于湖南省长沙府通泰街的一所老宅。

1898年秋天,随祖父、父亲迁回南昌,定居西山。

1901年,在南京家中的"学堂"读书,学"四书五经"、数学、英文、音乐、绘画和文体等课程。

1902年,留学日本东京巢鸭弘文书院初中。

1904年,考取官费留日后于冬季再度赴日,留学弘文书院高中。

1905年,插班考入上海复旦公学。

1909年秋天,赴德国留学,考入柏林大学。

1911年秋天,转学入瑞士苏黎世大学。

1913年春天,到法国巴黎大学留学。

1914年冬天,应江西省教育司(相当于教育厅)之邀,回国阅留德学生考卷。

1915年春天，赴北京任全国经界局督办（局长）蔡锷的秘书。

1916年秋天，就任湖南省长公署的交涉科长。

1919年，抵达美国，入哈佛大学。

1921年秋，入德国柏林大学研究院留学。

1923年8月，寅恪撰写家书《与妹书》，被视为他一生中的第一篇学术论文，也是他一生治学的纲要，指引了他一生的治学方向。

1925年，在德国接受清华学校国学研究院导师之聘。

1926年1月，从法国马赛登船回国，2月抵达上海。7月入清华学校国学研究院就任导师一职。

1928年8月，和唐筼在上海结婚。

1929年夏季，为纪念王国维先生撰写《海宁王静安先生纪念碑铭》。同年，改任清华大学中文系、历史系两系合聘教授。

1931年，在纪念清华建校二十周年时发表"国可亡，而史不可灭"的讲话。

1932年夏季，应邀为清华大学入学考试代拟"普通国文试题"，引发"对对子"风波。

1937年11月，全家从北京逃亡。

1938年，到达云南蒙自县，任"国立西南联合大学"文学院教授，秋天随西南联大由蒙自迁往昆明。

1939年春天，接到英国牛津大学聘为该校汉学（即中国学）教授的消息，成为该校成立三百余年首次被聘请的第一位中国人专职教授。6月底，抵达香港，9月因第二次世界大战爆发，没能达成。

1940年，因赴英之事被迫延缓到香港大学任客座教授。

1941年，代理香港大学中文系主任数月。

1942年，全家人逃离香港，历尽千辛万苦到达广西桂林。

1943年，以中山大学文科研究所特约教授的身份前往迁至广东北部山区坪石的中山大学讲学一星期。同年底，进入成都燕京大学，任华西大学中国文化研究特约研究员。

1946年，任职于清华大学。

1949年1月19日，就任岭南大学中文系、历史系合聘的教授。

1950年，得受业弟子所赠送"万世师表"的锦旗。

1952年，任新的中山大学历史系的专任教授，黄萱成为其助手。

1953年，接待从上海复旦大学前来拜谒的弟子蒋天枢。11月，接到中国科学院院长郭沫若、副院长李四光联名签署的信，被聘为新组建的中科院第二历史研究所（中古史研究所）所长。

1955年，当选为新中国首批中国科学院哲学社会科学"学部委员"。

1956年，参加在从化县温泉镇召开的"知识分子问题"座谈会，和国务院副总理陈毅与夫人晤谈。

1958年，从秋季开始不再教课。

1961年，好友吴宓从重庆的西南师范学院专程前来探望。

1962年，跌断右腿。

1964年,完成了传世之作《柳如是别传》。

1966年,在"文革"中遭受不公正待遇。

1967年,被迫发表《我的声明》,在其中说:"我生平没有办过不利于人民的事情。"

1969年10月7日,因心力衰竭,兼之突发肠梗阻、肠麻痹逝世。11月21日,妻子唐筼去世。

附录二
主要参考书目

[1]张求会.陈寅恪家史[M].北京：东方出版社，2019.

[2]岳南.陈寅恪与傅斯年[M].西安：陕西师范大学出版社，2008.

[3]屈小强，李拜天.陈寅恪：自由独高标[M].济南：济南出版社，2020.

[4]衣北.陈寅恪晚年诗及其他——与余英时先生商榷[M].广州：花城出版社，1986.

[5]纪念陈寅恪教授国际学术讨论会秘书组.纪念陈寅恪教授国际学术讨论会文集[C].广州：中山大学出版社，1989.

[6]北京大学中国古代史研究中心.纪念陈寅恪先生诞辰百年学术论文集[C].北京：北京大学出版社，1989.

[7]汪荣祖.史家陈寅恪传[M].北京：北京大学出版社，2004.

[8]周锡山.王国维:求索铸金声[M].济南:济南出版社,2020.

[9]刘明华.独立寒秋:陈寅恪的读书生活[M].郑州:中原农民出版社,1999.

[10]吴定宁.守望:陈寅恪往事[M].北京:中国社会科学出版社,2014.

[11]王川.读懂陈寅恪[M].南京:南京大学出版社,2019.

[12]王永兴.纪念陈寅恪先生百年诞辰学术论文集[C].南昌:江西教育出版社,1994.

[13]胡守为.《柳如是别传》与国学研究[M].杭州:浙江人民出版社,1995.

[14]吴宓.吴宓日记[M].北京:生活·读书·新知三联书店,1999.

[15]陈寅恪.唐代政治史述论稿[M].北京:生活·读书·新知三联书店,2001.

[16]陈寅恪.隋唐制度渊源略论稿[M].北京:生活·读书·新知三联书店,2001.

[17]陈寅恪.元白诗笺证稿[M].北京:生活·读书·新知三联书店,2001.

[18]陈寅恪.柳如是别传(上中下三册)[M].北京:生活·读书·新知三联书店,2001.

[19]蒋天枢.陈寅恪先生编年事辑[M].上海:上海古籍出版社,1997.

[20]陆键东.陈寅恪的最后二十年[M].北京:生活·读书·新知三联书店,1995.

[21]吴定宇.学人魂·陈寅恪传[M].上海：上海文艺出版社，1996.

[22]陈寅恪.陈寅恪集·金明馆丛稿初编[M].北京：生活·读书·新知三联书店，2001.

[23]陈寅恪.陈寅恪集·金明馆丛稿二编[M].北京：生活·读书·新知三联书店，2020.

[24]陈寅恪.陈寅恪集·书信集[M].北京：生活·读书·新知三联书店，2015.

[25]陈寅恪.陈寅恪集·读书札记一、二、三集[M].北京：生活·读书·新知三联书店，2001.

[26]陈美延，陈流求.陈寅恪诗集附唐篔诗存[M].北京：清华大学出版社，1993年.

[27]刘梦溪.陈寅恪的学说[M].北京：生活·读书·新知三联书店，2014.

[28]人物春秋——清华大学校史馆（https://xsg.tsinghua.edu.cn/rwcq.htm）

[29]清华人物——清华校友总会（https://www.tsinghua.org.cn/）

[30]陈寅恪长沙旧巢情结对其文史之学的影响（上）_凤凰网（https://i.ifeng.com/c/8InIJ2Xcch7）